珞珈博雅文库

通识课堂系列

博雅弘毅　文明以止　成人成才　四通六识

那些年，我们在珞珈山上做助教

"珞珈山上的小狐狸"征文比赛文集

主编　李建中

副主编　李培蓓

WUHAN UNIVERSITY PRESS

武汉大学出版社

图书在版编目（CIP）数据

那些年,我们在珞珈山上做助教:"珞珈山上的小狐狸"征文比赛文集/
李建中主编.—武汉:武汉大学出版社,2023.2(2023.9重印)
珞珈博雅文库.通识课堂系列
ISBN 978-7-307-23361-4

Ⅰ.那…　Ⅱ.李…　Ⅲ.通识教育—研究生教育—教学研究—文集
Ⅳ.G40-012

中国版本图书馆 CIP 数据核字（2022）第 188829 号

责任编辑:唐　伟　　　责任校对:汪欣怡　　　版式设计:韩闻锦

出版发行:**武汉大学出版社** 　（430072　武昌　珞珈山）
（电子邮箱:cbs22@whu.edu.cn 网址:www.wdp.com.cn）
印刷:武汉邮科印务有限公司
开本:787×1092　1/16　　印张:15.5　　字数:317 千字　　插页:2
版次:2023 年 2 月第 1 版　　　2023 年 9 月第 2 次印刷
ISBN 978-7-307-23361-4　　　　定价:88.00 元

序　狐狸、刺猬和鲲鹏

李建中　李培蓓

古希腊诗人阿尔齐洛科斯曾说："狐狸知道许许多多的事情，但刺猬只知道一件很重要的大事。"意在指出狐狸灵活博通，而刺猬执着专精。对于武汉大学通识课程的研究生助教来说，他们既要像狐狸一样拥有通识博雅的学术眼光，也要带着刺猬一般的专业精神和学术品质不懈努力。在助教工作中，他们渐渐在个人知识谱系中平衡了本专业与其他学科的关系，开阔了学科视野，练就了一身本领，具备了像鲲鹏一样水击三千、云抟九万的翱翔能力。狐狸、刺猬和鲲鹏代表了研究生助教们在通识教育中的不同侧面，最终都指向了生命价值的实现、人格的独立和精神的自由。

本书收录的 71 篇文章，概而言之，讲了研究生助教的三重身份和三大收获。

先说三重身份。

一是作为参与者，为通识教育的课堂教学护航。

研究生助教的工作贯穿课程始终，统摄大班小班、线上线下、课前课后等多重维度，是老师与本科生之间、教学输出与学习反馈之间、经典与现实之间的桥梁。对于研究生助教来说，一方面从学生到老师的身份转换是不小的挑战，需要瞬间迸发的热情与勇气；另一方面助教日常工作琐细繁多，需要细水长流的耐心与细心。本书的第五编"吹尽狂沙始到金"即集中讲述了助教工作的职责与经验。武汉大学通识课 1∶1 的"大班授课+小班研讨"教学模式中，尤其以形式多样的"小班研讨"为特色，这同时也是研究生助教工作的重中之重。在第二编"读书不觉已春深"中，助教们便将我们带入了小班课堂的现场，以研讨为线索展开对通识教育的体会。

二是作为见证者，见证了本科生的成长和教学模式的完善。

无论是年龄、三观还是日常互动，研究生助教都是与本科生距离最近的人，因此也最能看到本科生在课程中的进步。他们或惊叹于本科生的创造力和思辨力，或欣慰于小班研讨带给本科生的有益改变。第三编"江山代有才人出"即聚焦本科生在课程中的成长，从助教的视角记录本科生与自己共同成长的经历和收获。第六编"旧书不厌百回读"则着重体现了研究生助教们对于通识课程发展的关注。在通识课程大班小班、线上线下相结合的教学模式下，老师们的教学灵活度大，本科生们的学习自主性高，助教们的综合能力提升快，是课程设计带来的天然优势。在这一编中，助教们表达了对现有课程设计的赞美，同时也对未来的通识教育提出了美好展望。

三是作为受益者，在课程推进中收获自我提升、明确职业道路。

通识教育不仅对本科生博雅通识的人才培养大有裨益，同时也对研究生助教拓展学科视野有所帮助。第一编"转益多师是吾师"中收录了许多本科阶段即听闻、憧憬过通识教育的研究生助教的心声，他们既为不曾以学生身份学习两大导引而遗憾，又为能够作为通识课助教一同学习经典而欣喜，在此基础上以自身经验为例对本科生的学习提供了建议和帮助，从学习者和讲授者两个角度诠释了通识教育的意义。而第四编"为有源头活水来"则是更加细致地记录在武汉大学做通识课助教的所见所闻、所思所想，从个人能力、学科素养、学术思维、职业规划等多方面列举了通识课对于自我发现、自我探索的助益。

后讲三大收获。

中国大学的通识教育以"立德树人"为根本目标，以本科生为重点培养对象，但在课程推进的同时也于无形之中促进了研究生助教的成人成才。研究生助教在与本科生亦师亦友的良性关系中成才，双方教学相长，知困自强。助教的个人成长和自我提升也是通识教育的优势所在，"以本带研"，"以教促学"，形成了教学的良性循环，塑造了博雅的学术环境。武汉大学人文社科经典导引课程自 2018 年秋季学期开设以来，历经 8 个学期，共有 800 余名研究生助教参与一线教学工作。对于他们来说，通识教育的裨益有三：

一是澡雪精神，在经典学习中提升自我。

首先从课程内容上来说，学习经典对研究生助教来说是知识谱系查漏补缺的过程。大班授课既是对已有知识的有益补充，同时也是打破学科壁垒的重要场域。研究生助教们在大班课堂上走出了"专业舒适圈"，接触到了本专业外的学术思维和学术传统，为"老问题"找到了"新方法"，与本科生一同学习、进步。其次，琢磨大班老师的授课思路也是积累研究方法论的过程。研究生助教在协助大班老师授课的过程中，可以清楚地看到老师授课的切入点、重点和延伸内容，并且可以与老师一对一探讨授课内容，这些都是宝贵的学术经验。经过一个学期的学习和思考，研究生助教们积累了不同学科素养，开阔了学科视野，提高了学术能力，培养了更强的问题意识与导向意识。

二是憬然有悟，在学术研讨中启发新知。

首先，在研讨中强化创新意识和问题意识。研究生助教们在征文中反复提及的是本科生们在小班研讨中展现出的惊人的创造力，在多样的研讨形式之中，本科生们能够不断结合实际求新、通变，使得原本深奥的命题通俗易懂、妙趣横生。其次，多样的研讨形式也为研究生助教提供了学术研究不同的可能性，让他们逐渐了解到学术研究不仅可以严肃庄重，也可以激情澎湃，充满观点的碰撞。许多研究生助教表示，经过一个学期的小班研讨，他们的学术兴趣被进一步激发，也了解到了更多的学术研究方法。在小班研讨的课堂之中，助教们被本科生们对于经典的热爱所感染，进一步激发了自身的学术热情，无论是对自身专业还是其他领域的学术兴趣都有所提高。

三是百尺竿头，在助教工作中锻炼能力。

首先，助教工作提升了研究生助教多方面的能力。研究生助教们在与本科学生和老师的交流互动中提高了自身的交流能力、表达能力和沟通能力，为以后的职业生涯奠定了良好的基础。同时在协助大班和小班课程的过程中，他们深入高校教学一线，锻炼了观察能力、号召能力和组织能力，对通识教育有了深刻的理解。其次，助教工作要求研究生助教迅速实现从"学生"到"老师"的身份转换。从仰赖师长到独当一面，助教们的适应能力和应变能力得到了很大的提高。最后，助教工作还影响了研究生助教们的职业生涯规划。不少同学表示日后也要投身于教书育人的行业之中，将通识教育的助教经验一直延续下去。甚至已经有老助教实现了这一目标，将武汉大学通识教育的优秀传统继续发扬下去，惠及更多的学生。

"武大通识3.0"课程建设仍在继续，未来会有更多的"小狐狸"投身一线教学，体会亦教亦学的乐趣，领略通识教育的魅力，获得独一无二的成长。而那些已经远行的"小狐狸"，则会带着武大通识给予他们的力量，播撒博雅的种子，继续新的篇章。

目　录

1

第六编　旧书不厌百回读

尾声　云中谁寄锦书来

第一编

转益多师是吾师

　　在武汉大学通识课程的助教团队中，有这样一群特殊的"小狐狸"：他们在本科阶段就曾对通识教育有所憧憬，但却没有机会真正进入通识教育的课堂之中，于是在珞珈山上做助教成为了他们共同的选择。在课堂教学，助教们不仅是老师的好帮手、学生们的小老师，也是经典的学习者。他们虽然来自不同院系，接受着各自学科的学术训练，但却以"助教"这一共同的身份参与武汉大学通识课程的一线教学，与本科生一同向经典致敬，"转益多师是吾师"是他们对于通识教育最深刻的体悟。

从受益者、参与者到实践者：
我的通识教育之旅

李　远　文学院 2017 级博士研究生

回想起在武大求学的九年时光，担任人文社科经典导引课程助教的那段经历，总是萦绕在我的心头。我常常想起班上那些认真、勤奋但又不失活泼、天真的学生，想起我们在小班研讨时所经历的种种美好时光。如今，我从一名学生助教成长为一名高校老师，在武大，在人文社科经典导引课上学到的诸多经验，都成为我工作中弥足珍贵的财富。

我是武大通识教育的受益者。

2011 年，我考入武汉大学文学院人文科学试验班，正所谓"文史哲不分家"，人文班开设的目的，旨在培养宽口径、强基础、兼通文史哲的复合型人才。学校为人文班配备了最好的师资，除文学院的课程外，我还有幸上过历史学院罗运环教授的先秦史、魏斌教授的魏晋南北朝史、杨果教授的宋史、申万里教授的元史、潘迎春教授的世界通史，以及哲学学院李维武教授的人文科学概论、赵林教授的古希腊哲学、秦平副教授的先秦哲学。经过诸位名师的教诲，通过文、史、哲三个方向课程的学习，我深切感受到学术研究中跨学科、宽视域、厚基础的重要性，从而塑造了我最初对"通识教育"的理解，即学习人文学科需要打破文史哲的界限，培养兼通文史哲、具有创新意识和问题意识的"通才"。尽管当时对于"通识教育"这一概念的理解还存在较大的局限，但我仍无比感谢在人文班的四年时光，它让我明白学术研究并不是"一方之见"，研究者也不应成为现代"分科治学"体系下的"一曲之士"，以及真正的学术研究应该是什么样的。

我是武大通识教育改革的参与者。

2016 年，"武大通识 3.0"时代正式开启，武汉大学通识教育中心正式成立。我的导师李建中教授出任通识教育中心主任，随即开展了一系列改革措施。作为人文社科经典导引这门基础通识课的课程秘书，我全程参与并见证了这门课的诞生。来自各个学院的优秀老师精心编撰教材，经过数月集中备课，探讨授课内容、讲授方式和考核标准，最终于2018 年 9 月正式开课。由于这门课采用的是"大班授课，小班研讨"的模式，需要大量的研究生助教参与到小班研讨中来，我便第一时间报名担任小班研讨的助教。尽管之前在李建中教授的中国文化概论课程担任过小班研讨助教，但这一次是全新的体验。首先，我们面对的是 2018 级的大一新生，作为"00 后"的他们和作为"90 后"的我们，存在着天然的隔阂——不仅是年龄上的隔阂，更是心理上的隔阂。如何快速"破冰"，与学生"打"成一片，是亟待解决的问题。其次，作为助教，我们需要组织学生对《论语》《庄子》《坛经》《史记》《文心雕龙》《红楼梦》等多部经典进行深入研读和探讨，部分经典阅读难度较大，如何深入浅出地解读经典，运用多种研讨方式帮助学生把握经典要义，是担任助教的过程中始终需要思考的问题。于我而言，第一次担任小班研讨的助教，是毫无经验可循的，只能不断摸索，在实践中探寻与学生交流的方式，把捉诠解经典的有效途径。经过一年多的探索，我们逐渐形成了一整套行之有效的研讨流程和规章制度，并编撰了《武汉大学通识课小班研讨助教手册》，让后来者有据可循。例如，我们总结出学术会议式、学术辩论式、PPT 呈现式、情景表演式四种研讨方式，并制定了详细的评分细则，注重研讨过程中的动态管理，让小班研讨规范化、制度化，变得更加高效、有趣。

成为一名高校教师后，我越发深切地感受到，学生是老师们无比宝贵的财富。回想起三个学期担任人文社科经典导引课程助教的经历，我的嘴角总是会不自觉地上扬。第一学期我担任的是 2018 级法学院的小班助教，我仍然记得喜欢排球的熊鸿亮、加入青鸟吉他协会的崔效瑜、常常迸发出新想法的易康静……2018 年 11 月 21 日，我带领小班同学为全省六十多所本科高校校长、教务处处长展示了一堂小班研讨示范课，同学们采用学术辩论、模拟法庭、情景对话等多种形式，围绕"苏格拉底之死"的话题展开陈述，收获众多老师的好评，这一堂课也成为我和小班同学们难以忘记的美好回忆。第二学期我担任的是 2018 级土木建筑工程学院的小班助教，作为理工科的学生，他们带给了我太多的惊喜，无论是对经典的思考深度，还是小班研讨的质量，绝对不输文科专业的学生。最令我印象深刻的便是史柯文同学，他的原创剧本《楚歌》对"成王成霸，何以成人"的话题做了细致而深入的探讨，撰写出一部精彩的历史悲剧。后来，这篇文章被收录于《何以成人 何以知天：武汉大学基础通识课优秀作品集》（人文卷），每每看到这篇文章，我都能回想起柯文参与小班研讨时的模样。第三学期我担任的是 2019 级哲学学院与马克思主义学院的小班助教，这两个学院的同学给我留下了十分深刻的印象，他们总是能将问题上升到哲学高度并阐发出新解。如今，哲学学院的高盛艺、张正婷，马克思主义学院的秦一帆、张仕豪都成为各自学院非常优秀的学生，每每看到他们的朋友圈动态，我都无比高兴和自豪。我常常跟我的学生讲，人生总是"一期一会"，但师生间的情谊永不会停止。至今，我仍与上述三个学院的许多同学保持着联系，能够遇到这么多优秀的学生，我感到十分快乐。而同学们也给了我最珍贵的回馈，连续三个学期，我被评为"武汉大学优秀助教"，目前我可能还是获得最多次优秀助教记录的保持者。

我是武大通识教育理念的实践者。

在担任助教的过程中，我对于"通识教育"有了更清晰的认识，也意识到本科时自身对"通识教育"的理解是多么局限和浅薄。如今，作为一名高校教师，我充分认识到通识理念的重要性，因此，在课堂教学中，我也不断实践着武汉大学教给我的"四通六识"的通识理念，组织学生开展小班研讨，让他们也能从中受益。

2020 年 7 月，我从美丽的珞珈山来到同样美丽的桂子山，正式成为一名高校教师。当年秋季学期，我担任华中师范大学文学院 2018 级基地班文学批评课程助教，协助主讲教师胡亚敏教授进行课程改革。在教学中，我充分吸取之前组织小班研讨的经验，共开展课堂展示 12 次，课堂展示次数为往届文学批评课堂的两倍。在展示次数显著增加的同时，课堂展示质量也得到明显提升，展示主题和展示内容具有较强的学理性，如对赛博朋克女性主义的介绍、启蒙与文化工业批判、互联网如何塑造人类等，使部分同学采用全英文方式进行展示，从而在逻辑与语言两个层面有效重塑、激活学生的能力，积极促进学生对文学批评方法的深入思考。

本学期我承担了文学理论与批评专题研究这门课程，讲授内容参照人文社科经典导引的课程内容，带领学生细读《论语》《庄子》《坛经》《文心雕龙》四部经典。与此同时，我还设计了四次小组讨论，让学生充分参与到课堂活动中来，学生采用团体汇报、情景剧表演、人物访谈等多种研讨形式，课堂参与度为 100%。连续两个学期担任课代表的范予柔同学告诉我，虽然课程具有一定的挑战性，但是经过两个学期的历练，她的确在语言表达能力、逻辑思辨能力、团队合作能力等方面有所提升。学生的认可和支持，就是送给我的最好的礼物，我也会一如既往，将通识理念熔铸在我的教学当中。

在武大通识教育中心的工作经历，是我研究生阶段弥足珍贵的记忆。我参与了人文社科经典导引的课程建设，参与运营"武大通识教育"微信公众号，承担"通识教育大讲堂"的后勤工作，编纂武汉大学基础通识课优秀作品集，看到"武大通识3.0"的茁壮成长，我感到无比自豪。尽管已经毕业一年，但是我仍与武汉大学通识教育有着千丝万缕的联系，每年都会参与人文社科经典导引优秀论文的评审工作，也时时关注"武大通识教育"微信公众号的最新动态。感谢武大通识教育教给我的一切，我将永远铭记，并传递给我的学生，或许，这正是教育的意义。

立夏伊始，静待繁花

王　霞　哲学学院 2019 级硕士研究生

武汉似乎提早进入了盛夏，打开电脑写这篇文章时，正是一个烈日炎炎从驾校归来的午后。原以为今天不过是 365 天里又一个稀松平常的日子，随手刷了刷微博，满屏都在为明日即将出征高考的少年们加油鼓劲，这才恍然大悟，又是一年高考时。然而，高考对我来说似乎又太遥远了，10 年前高考结束的那个傍晚，我去做了什么事，见了什么人，说了什么话，早已在记忆中无法寻觅。我只记得交卷铃声响起时，一瞬间有些如释重负，仿佛长途跋涉的旅人终于放弃心驰神往之处而踏上归途："武汉大学，终于还是要说再见了，我们可能没有缘分啦。"当然，彼时才 17 岁的我，那时候肯定想不到，10 年之后，我还是来到了当年那个少女心心念念的珞珈山下。或许，今天这个并不平常的午后，值得我敲下键盘，当然我要记录的并不是关于那场离我相距甚远的高考，而是关于一群高考结束刚迈入人生新阶段的一帮可爱的小朋友——2020 级遥感 2 班的同学们。

决定做人文导引课的助教，最初只是我的一个随性之举，很符合一向毫无规划的自己的一贯作风。虽然也会按部就班地每周三下午去上课打卡，但更像是完成一份工作。老师的娓娓道来也好，激情澎湃也好，到我的耳朵里仿佛只是无所事事的又一个午后的调剂。然而，就像动画电影《心灵奇旅》主角为探索人生意义而找寻的"火花"一样，在 3 月乍看普通平淡的午后，我终于寻找到了这门课于我而言的"火花"。

记得那天，一贯懒散的我照旧在规定时间来到了教室，照旧完成课前属于自己的分内之事，照旧主持着小班研讨的流程，但思绪总是轻易地被窗外叽叽喳喳的小鸟吸引。虽然前一秒还一本正经地站在讲台前有条不紊地组织同学发言和老师点评，但下一秒游离出来，脑子里想的可能就是晚饭吃哪个食堂，吃完晚饭还去不去图书馆。下一个小组的话题是什么来着，我努力将自己从胡思乱想中拽回来，回头看了一眼黑板上的备忘——灵魂存在吗？一瞬间，我的大脑里冒出的竟然是——"建国之后无鬼怪，封建迷信要不得"。还好严严实实捂着口罩，让被自己荒唐想法逗笑的我不至于在老师和同学面前失仪。从灵魂

21 克实验讲起的同学，逐渐将我从神游状态抽离出来。麦克杜格尔通过实验，发现人类死亡的瞬间体重会减少 21 克，而这一重量的变化如果排除了人体正常呼吸流失水分和汗液蒸发等正常代谢的减量的因素，是不是就只能归因于灵魂的离开呢？在我内心暗自表示同意时，"不要高兴得太早"，讲台上的同学娓娓道来，实验最终以遗憾收尾——实验结果无法再现。

此时，台下的一位同学举起了手："我有一个想法，解释这消失的 21 克。"接下来的时间，我仿佛一个闯入未知世界的懵懂孩童，在密密麻麻的物理公式面前，怀疑自己高中时到底有没有学过物理。一个突如其来的脑洞，使得讨论从社会科学问题演变成一个物理问题。我想，牛顿肯定不会想到力学的知识还可以用于解释灵魂的存在吧。也许，一年前高三的他们在题海中沉浮时，也一定不会想到所学的物理知识会以这样的方式与灵魂这一命题挂钩。

"原来现在才是花开的时节啊"，我的大脑中突然蹦出这样一句话。诚然，高中生涯不过是漫漫人生路上的一小截，在这段道路上，向前方终点前行之路也许并不会总是一帆风顺。不妨把这段路途视为生根的季节，根部在这一时期往下深扎，最终会迎来无数个像今天一样的花开时节。无论是台上奋笔疾书的男孩，还是台下喋喋不休争论的同学，笔落惊风雨，谈笑露锋芒，只言片语便为这微不足道的午后平添了声色。

争论的结果如何在这一刻已然不重要，临近尾声时，讲台前报告的小姑娘笑眯眯地总结道："虽然科学没有证明灵魂存在，但我私心希望人世间存在灵魂。死亡之所以让人恐惧，源于死后一切未知，如果灵魂存在，死亡便不再未知，生老病死的结局不再是一个终点，而是下一个轮回的起点。"理性与感性在这一刻握手言和，这场和解全始全终，而未来无限风光未尝不可期。

后来的课堂内容已经在我的记忆里日渐模糊了，我只记得纵使朝日不再盛，而少年们却正是风华正茂时。虽然只是一名助教，课后我却又萌生了对老师这一职业新的向往。孩提时代无忧无虑地一路走来，少年时代局促不安地一路跌跌撞撞，中间不乏良师益友，而我对老师的态度也从憧憬到敬畏。不谙世事的孩提时代，或许只是憧憬教师的光环，彼时的我永远将老师视为家长之上的权威，年少的我还不知权威为何物，就已经开始提早迷恋权威。

随着年岁增长，一路走来，无数老师在我的年少时光里留下了或浓墨重彩或轻描淡写的痕迹，让我开始敬畏老师这一角色。传道授业解惑，一名老师可能不光要做到这六个字，还需要担负起无数孩子的未来。多么重的担子啊，我渐渐畏惧，未战先投降，我将老师从我未来的择业清单中彻底删除了。我时常在想，我可能都过不好自己的一生，如果成为一名老师，我又怎么能去指导一群孩子去过好他们的一生呢？然而，现在这个想法有了变化，而这要归功于 2021 年我遇到的这帮可爱的小朋友。如果有机会，我想

图 1-1　当时的课堂照片

对他们说声谢谢，感谢他们给了我勇气，感谢他们让我感受到，或许见证成长、陪伴成长、共同成长，才是一名老师需要为之努力的。虽然我可能还是不够有信心成为少年们扬帆远行前的引航人，可能还是会恐慌承担起少年们对未来的期待，可能还是会有许多顾虑和害怕，但那又如何呢？现在的我终于可以不再畏首畏尾，我或许也可以默默地鼓励自己："看，那不过是一个小土丘，'嗖'地一下跳过去吧。"等到一切尘埃落定时，兴许我也可以骄傲地对自己说："你看，这也不是很难嘛。"或许，我现在可以说，老师还是我想从事的职业，我希望在未来的某个日子和另外一群即将碰面的孩子们共同走完一段人生旅程。

最后，虽然我并不够格在这门课程结束之际给这帮可爱的小朋友一些寄语，但是如果有机会的话，我想告诉这帮可爱的小朋友，同时也是告诉当年刚跨进大学校门的 17 岁的自己，未来的人生免不了坎坷不平，或早或晚，或多或少，但无需慌张，你只需告诉自己："现在不是花开的季节，而是成长的季节。"《历书》说："斗指东南，维为立夏，万物至此皆长大，故名立夏也。"每一个让你们感到人生不顺的时刻，我希望那是你们的立夏时分，至此你们告别了春日的绚烂，未来可能还要经历秋日的凋零和冬日的萧瑟，但无论如何，你们终将迎来属于你们的繁花似锦。2022 年每个春日盛开的花朵，都能在 2021年找到无数个往下扎根的日子。

立夏伊始，静待繁花，愿你们喜欢这场属于你们的夏日限定的人文导引课。

听风吹过山谷的人

王诣涵　外国语言文学学院 2020 级硕士研究生

2020 年我本科毕业，同年继续在武大攻读硕士研究生。人文社科经典导引这门课，在我本科期间制订培养方案时还没有开设，对于这门课不同于传统科目的学习方式和丰富别样的研讨形式我只是在学弟学妹的口中有所耳闻。没有想到，在本科毕业一年后我仍有机会作为助教，也作为一名好奇的学生参与人文社科经典导引这门课的学习。大班课堂上我随着文学院的李松老师对古今中外经典作品进行系统性的解读。课后老师抛砖引玉，就经典中更多值得玩味的细节和其引发的联想制定小班研讨主题。小班讨论中 24 名学生亦是某种程度上的老师，他们提出了很多新颖的观点和想法，其创造力、逻辑性都让人产生了后生可畏的冲击。

我带的小班是由动力与机械学院的大一新生组成的。理工科的学生，基于自然科学的严谨性，给人的印象也常是理性的、逻辑性强的。同学们来自全国各地，初入大学，对于脱离家庭的保护，自我追求与完善理想人格才刚刚迈出真正意义上的第一步。我深知，中学阶段并不是每一位学习理科的同学都有机会、有精力去接受系统的人文教育，没有过多的时间去思考一本经典书籍中的某一个字眼，这有可能导致人文思想的缺乏和审美的缺失。在我看来，人文社科经典导引的课堂上除了介绍同学们与不朽的作品相识，更多地培养了同学们的博雅品味，可以称作一种"审美教育"，既教授同学们何为人的自由、理性和审美，也提供了实践的机会，让同学们亲自去发现人生之美。引用席勒在《审美教育书简》中的观点，审美教育既能够对抗感性的钳制与理性的束缚，又使感性与理性能够统合运作，如游戏般行动。大班学习和小班研讨的结合也是希望能够达到这种平衡。

我认为，人文社科的素养存在于每个人的血脉中，当对一个社会热点事件感到愤慨时，当被一些英雄事迹感动落泪时，都是我们在生活中用审美的眼睛进行衡量的过程。而作为小班老师，我希望通过人文社科经典导引课程中的话题讨论，给同学们进行更深入思考的引导和随着思考发掘自己真正趣味的机会。一个年轻的生命不应该和所有的美隔绝开来，这种对于美的思考来源于在大班教学中读书的收获，也来源于小班讨论中自我内心的商讨和对美的追求。

一个学期的时间内，我的小班里进行了两次辩论、一次朗诵和五次小组展示形式的讨论。在课堂上，学生随着研讨的深入也逐渐有了变化。之前不喜欢上台发言的同学开始跃跃欲试，愿意主动表达自己的观点，同学们上台发言时越来越充满自信，可以就自己的研讨题目侃侃而谈，不乏理论支持，有充满生动形象的举例，演讲引人入胜又趣味性十足，演讲结束后又能够从容应对其他同学的提问，让我在倾听时频频露出"我的学生就是这么优秀"的得意笑容。课程结束后有同学兴冲冲地对我说，两次小班研讨中的辩论结束后，她感受到了辩论赛的刺激和乐趣，感到意犹未尽，于是加入了学院的辩论队，想要把这个爱好继续下去。我也注意到，班上一个知识储备非常丰富但不太爱表达自己的男同学报名加入了学院主持人的队伍，多次主持各种活动。更重要的是，随着课程的深入，很多学生已经具备了学术素养，学会了自行寻找和阅读先进的学术成果，并在小班课堂上展示给大家，和大家一起分享讨论。在期末论文的写作中，学生们的文章格式标准，引文规范，已然有了学术研究的雏形。我更加感受到了作为小班助教的价值感和责任感，也产生了很强的成就感。

我仍记得第一次踏入小班研讨教室时忐忑的心情，担心自己的资历不能完美担任学弟学妹们的人生导师，带领他们参悟人类浩瀚历史上不朽的名篇，完成教学的最终目的——引导学生成"人"。我也记得担任助教后肩负了更多的责任感和使命感，因为担心第二天的课程迟到，第一天竟失眠了，因为担心给同学们的评分不够公正而一次次去核对和修改分数。头一天因为被导师批评而垂头丧气，第二天看到活力满满的同学们又重新振奋起来，和全班同学被小组展示 PPT 中贴切的表情包逗得哈哈大笑……如果给以后的新任助教一些建议，我会说要认真聆听，及时引导。所谓教学相长，同学们的思考我们要认真倾听，会给我们带来很多启发，而在同学们需要思路的时候，也一定要分享自己的经验，做一个领路人。

在武大校园里从不乏理工科学霸对诗词歌赋、文学历史颇有见解。我身边有多名坚持跨专业考研文学院的工科同学，也有运营着自己的公众号时不时发表几首小诗的理科大佬，我觉得他们对文字爱得纯粹又颇有自己的见地。说来惭愧，作为一名外国语言文学专业的学生，有时局限于自己的研究方向，也忽略了其他领域的美。"以大为道，以小为陋"。通过人文社科经典导引课程的学习，希望能让同学们保持探索世界更多种形式的美的新奇感和永远独立思考的能力。

最后一门课上我问学生毕业后有什么打算，他们嬉笑着回答在大一考虑这个还太遥远。但从他们广博的眼光、有深度的思考中我看到了关于未来的无限可能性。庄子带着学生走进大自然里，带他们去听风吹过山谷的声音天籁。我希望，人文社科经典导引课程的老师和助教们能成为带领学生听风的人，与他们一起听到世界之美和心中之善。

珞珞如石，与武大通识同行

——珞珈山上的小狐狸征文

钟　芊　外国语言文学学院 2020 级硕士研究生

"学校有通识课招聘研究生助教，你要不要考虑一下？"在老师的偶然提议下，我懵懵懂懂地开始接触学校通识课人文社科经典导引的助教工作。尽管是在武大读的本科，但本科期间我从未上过什么人文社科经典导引，2020—2021 学年春季人文导引线上培训使我得以一窥课程面目，由此开启了至今两个学期的助教工作。在线上培训中，我了解到武汉大学通识教育的理念，即：博雅弘毅，文明以止，成人成才，四通六识。而以"人"为核心的人文社科经典导引带领本科生们阅读经典，徜徉历史，观照当下，与大家对谈，感悟世间百味，"培养学生博雅品味，养成学生君子人格"。培训中还介绍了令我耳目一新的课程模式：大班导引+小班研讨，此外交代了如何上课、如何研讨、如何评分等种种要求。至此，人文导引于我仍是只闻其声而未见其貌，但毕竟仿佛给我打开了一扇通往新奇之地的大门。

武大的三月，春寒未散，但草长莺飞之势悄然生长，仿佛只等一点阳光滋养，便能迸发蓬勃生机，闹得"珞珈山居民们"心痒痒。和其他仍裹得厚厚的学生们一样，担任两个小班助教的我走进了第一堂大班课。周四晚，教四楼里，课室坐得满满当当，学生以扇形排开，围着讲台上的大班导引主讲老师。料峭春意沿着教四石墙上盘绕的藤蔓钻进教室，伴着老师的讲解，声声入耳。第一堂课讲的经典是希罗多德的《历史》。老师讲希罗多德其人，讲希波战争，讲雅典城邦，讲《历史》的书写方式……恍惚间，课室不再是固定、局促的空间，而是一个知识的宇宙，坐在讲台下听课的人无不汲取知识而忘我，无论是助教还是学生，在这里都是平等的求知者。

人文导引课的模式是一周大班导引课，一周小班研讨课。在春季课程中，我担任两个小班的助理助教，主要任务是配合小班老师的工作，我需要在小班研讨课前在学习通上设置 Quiz，课上配合老师的教学组织，给小组展示计时，观察学生表现，课后收集各小组的展示材料，给每个小组写研讨评语。课下也需要随时回答学生提出的问题，并给大班助教做反馈。期末要统计学生的成绩，扫描优秀论文并发给大班助教。工作看着简单，但一学期下来也需要一些耐心与专注。

春去秋来，到刚结束的秋季课程，我从小班助理助教转变为大班助教，除了像上学期一样具体负责一个小班外，还负责大班所有小班的管理与协调。一开学，我便体会到了大班助教专属的一些"焦头烂额"：给大班分班，给小班分组，为大班、小班老师和小班助教设置学习通，建大小QQ群，敦促学生修改备注，发送文件资料……还好有大班张申威老师有条不紊地指导安排，我才不至于在剧增的工作量里手忙脚乱、错漏百出。

大班课同样在教四楼，但感受到的是另一种教学风格。在输出之余，张老师会运用多媒体"邀请"学生们参与到课堂中，发表他们的观点意见："你眼中的人文社科经典导引是一门什么课？""有没有那么一本历史书，让你觉得不读不快？""作为构建人类社会的基石，同情心和利己心哪个更可靠？"……跟随着老师徐徐的讲述与引导，我也和学生们一样一同进入了经典的世界，开始了思维漫游，关注历史，关注当下，关注自身。

如果说大班课上学生们更多的是扮演知识倾听者、吸纳者的角色，小班研讨课上他们便是完完全全的主角。在老师线上发布小班研讨安排和要求后，小班的小组便开始深入研读教材、查找资料、相互讨论、形成观点，逐渐使展示成形。过程也并非总是顺顺当当，也会有小组对研讨题目拿不准、理解产生偏差的问题，或是在资料搜集、展示流程上存在疑惑，这时作为助教的我便要尽自己所能为学生解答疑惑，引导他们更好地完成研讨任务。学生们的展示也总是令人惊喜，让我感到提供的帮助是有"回报"的。无论是展示还是课上的现场回答，学生们展现出的思考的深度和辩证的思维均令我也有所收获。"三人行，必有我师焉"，人与人之间的学习不受年龄、身份的束缚，更何况是向这么多优秀、年轻、有活力的学生们学习。

到学期末，除了大班导引和小班研讨的工作，助教工作的重要一项便是根据通识中心的统一要求布置结课论文作业，督促学生及时完成和提交。这段时间会收到大班学生"各式各样"的疑问，问题看似简单，却不能掉以轻心，必须慎重考虑，并时常和助教总管交流，最终解答学生的疑惑。在统计分数阶段更是需要细心与耐心，稍有遗漏便可能导致差错。

人文社科经典导引课向本科生们传授经典，但助教也能在其中得到成长。我见识到学校在通识课上投入的精力，见识到人文社科经典导引推行博雅、培育君子品格的崇高目标；体验了一门涉及全校学生的通识课程是如何组织和落实的，并感受到了学校老师们对教育事业的热情和爱护学生的拳拳之心；学会了以半个老师的角色爱护和指导学生，正确处理学生的诉求，解决学生的各种困惑，学生们的生机活力与积极思考也使我深受感染。在辅助大班老师的过程中，我也获益匪浅。我体验了中西经典授课老师不同的教学风格，看到了老师是如何在扎实的人文经典知识基础上，在课程中融入自己的风格，以及运用多样化的教学手段调动学生积极性，深度参与课程。

　　春来又秋去，珞珈山上四季变换，人文社科经典导引始终坚持博雅弘毅，助教们如珞珈山上的小狐狸一般常在此处，常守职责，盼更多的学生领略经典，博览古今，成人成才，珞珞如石。

图 1-2　计算机科学与技术学院 2021 级同学在郝中华老师的带领下参观万林艺术博物馆

人生道路上的点金石

——人文社科经典导引助教心得

王梦潇　文学院 2021 级硕士研究生

2021 年对于我而言具有特殊的意义——这是我从武汉大学文学院毕业的一年，也是我再一次踏入武汉大学文学院的一年。不同的是，这一次，我是以研究生的身份出现在我心爱的武汉大学。

这是人文社科经典导引这门课开设的第四个年头，也是我在武汉大学读书的第五个年头。2018 年，武汉大学开设了人文社科经典导引和自然科学经典导引这两门课，那个时候我还在武汉大学汉语言文学专业读大二。彼时的我对这两门课很是好奇，总觉得这会是成人路上的重要的课程。包括我在内的很多同学都因为错过了这门课而感到遗憾，我们都曾羡慕过那些有机会在这门课上受教的学弟学妹。后来的日子里，我总想着自己能有机会旁听这两门课程，却因为学业繁忙，总也找不到机会。

很荣幸，在 2021 年 9 月，我作为武汉大学文学院的研究生，以助教的身份，有了和学弟学妹们一起走进这门课的机会。

"我是谁？我从哪里来？我到哪里去？"这是关于人的三大终极追问，也是我们认识自己，追索人类的永恒探讨。从小学、初中到高中，我们都忙着读书，忙着考试，这些问题虽然曾出现在脑海里，却一闪而过，很快便被扑面而来的作业和考试淹没。人文社科经典导引这门课给了同学们一个静下心去思考这些问题的机会，带领同学们迈出探索自我的第一步。

在大班课上，朱莉莉老师以 4 部西方经典作为切入点，而李寒光老师则以 4 部中国经典作为切入点，他们带领同学们领略了从古至今中西方圣贤的所思所想，也让我受益匪浅。当有同学无法理解其中的内容，老师们也会耐心地为同学们指点迷津，帮助他们一起理解这些著作。

在认真研读这 8 部著作，认真感受、思考并形成属于自己的独特理解后，同学们就迎来了小班讨论课。在我们的研讨课上，同学们可以尽情地将自己关于"人"的思考和对于

15

"自我"的探索分享给大家。

在这个学期中，我担任了健康学院小二班与小三班的助理助教，并深入参与了研讨的过程。

其一，我出勤了每一次大班课堂，认真听大班老师讲授，并在课下认真研读相关文本，轮流在小二班和小三班随堂听课，及时回应两个小班老师，帮助两个小班老师处理课堂上的问题。

其二，我在研讨之前按照学生们的意愿，组织学生进行了合理的分组，并根据大班老师的要求与小班老师交流、确定小班研讨的选题，并及时为学生分配选题，以让同学们有充足的时间准备选题，也有机会尝试用不同的形式展示自己的想法。

其三，我课前收集同学们的讨论视频和PPT，并打包交给小班老师，作为小班老师评分的依据，以让同学们获得更为公平公正的得分。

其四，每节小班研讨课我均提前15~30分钟到达教室，提前打开教室电脑，帮助同学们拷贝并调试PPT，以避免耽误课堂进程。

其五，每节大班课程，我都根据老师要求发放学习通签到，小班课课前我也提前设置好Quiz题目，在10分组测验过程中监督学生，并及时为学生们提供技术帮助，比如同学们遇到网络问题，我会帮忙开热点，同学们因为客观原因（如设备）没有办法完成测试，我会在课后再次组织测试。

其六，我将分组与评分表打印并交给老师，并在课堂上协助小班老师统计回答问题与提问的学生的名字，记录学生的表现，给学生们提出相应的建议。

其七，我做到完整地传达老师希望同学们知晓的信息，并附加自身的经验，以供学生们参考；当学生们有疑问的时候，如果是我可以解答的问题，我会及时回复学生的疑问，如果是我能力范围之外的问题，我也会向老师反馈学生们的建议和问题。

其八，在每次小班研讨课堂后，我都认真撰写了每一个小组的讨论总结，记录每一个小组的研讨主题、分工、优缺点，并对当堂课程的总体状况进行反思，课程结束后，我将讨论总结交给大班老师。

在这个过程中，我能问心无愧地说自己尽了全力去做好每一项工作。如果有下一次助教机会，我仍然会不遗余力地做好工作，继续做一名认真负责的助教。

在担任人文社科经典导引健康学院小二班、小三班助教的过程中，我也收获了很多。

首先，为了能够在同学们向我提问的时候更好地回答，我认真研读并学习了朱老师和李老师在大班课堂上讲解的相关文本，并进行了深入的思考。在这个过程中，我自己也积累了许多知识，得到了精神上的洗礼，对人生有了新的认识。

其次，在与同学、老师们沟通的过程中，我的协调与沟通能力得到了提升，并与同学和老师们建立起了深厚的情谊。在最后一堂课后，有几位学生发消息告诉我他们的不舍，这让我很是感动，也让我颇有成就感。

再次，在技术方面，因为需要整理班级名单、分组名单、每次小班课堂的选题以及同学们的成绩，我的资料、文档整理和 Excel 表格制作能力也得到了很大的提升。

最后，在与小班同学们的交流过程中，我找到了很多与我本科时期有过相似想法的同学，并与他们产生了共鸣，与他们结交下了深厚的友谊。而在见仁见智的碰撞中，我也生发出了新的思索。

我非常感谢人文社科经典导引这门课，因为它带给我的东西太多太多了。对我而言，它不仅仅是我从本科踏入研究生阶段的一份入学礼，更是我成人道路上的一块点金石。希望所有同学和助教都能和我一样，在这门课的启迪下，收获影响一生的珍贵经历。

博雅人文，所行所思

姜修翔　文学院 2018 级硕士研究生

在珞珈山已经有七八个年头了，这里的变与不变总是让人产生无限触动。无论是年复一年的秋林层叠，还是时序更新的良师益友，都让人怀念。我本科曾就读于武汉大学人文科学试验班，这个致力于"打通文史哲的学科界限、培养大师"的专业，其秉持博雅教育的课程模式让我受益匪浅。虽然没能在老师们的期望中成长为所谓的"通材""大材"，但那几年在文史哲学科的浸润之下却获益良多。如今，在自己看来身上所谓有却并没有多少的"人文自觉""人文精神"大概也是在彼时形成的。

在那个高等教育的黄金年代，在理想主义尚未消逝之际，发轫于西方，以个体发展而非具体职业为目标的博雅教育，第一次被提到中国高教课程改革设置上。时隔多年，人文班从人文学院到文学院再划归到弘毅学堂，这一专业的沉沉浮浮，让我们进一步思考博雅教育的走向。武汉大学通识教育中心抓住机遇，迎头赶上，把"小众化""专门化"变为"全员化""公共化"，在全校范围内开设了"两大导引课"——人文社科经典导引和自然科学经典导引，成为博雅教育再思考和再出发的新阶段建设。我也因此有幸被遴选为人文导引课程的助教（小班老师），与工科试验班和外语学院的大一新生共度了一段美好时光。

在我看来，人文导引课程是人文班课程设置的缩影，都包含了"何以成人"的培养和思考。这样的课程建设，是以学生为主体、以人为本的重要体现。开放式的课堂和教学，大班授课、小班研讨，打破传统式的教授模式和学习方法，给学生和老师带来了挑战。

珞珈山下给我授课的先生们，身上总带有极其浓厚的人文修养和人生历练，可以说他们身上散发出来的光芒是对"腹有诗书气自华"的完美诠释。身处那仍然崇尚知识的环境之中七八年，我经常能够见到初心不改、乐观从事文史研究的老师。他们引发我们去对"无用之用""人生三问""武大精神"等的思考总是让我有所触动，于是我也希望能够在课堂之中引入问题，共同思考。

担任助教的一年里，我在大班老师包向飞教授的支持下，探索各种模式的小班课堂，进行各类问题的命题设计，同学们思路开阔、参与热烈，给我留下了深刻的印象。

我曾在"《庄子》与天性"的课堂上给同学们命题："有人说，武大到处充满着'老庄哲学''逍遥智慧'；还有人说，武大学子的精神就是'鲲鹏'的精神，请你结合自身经历和所学知识，发表看法。""有人说，武大到处充斥着'自由与无用'，对于此你如何理解？又如何看待《逍遥游》中'无用之用'的讨论？"在"《史记》与使命"的课堂上开展以"退一步海阔天空还是进一步海阔天空"为题的辩论，在"《红楼梦》与爱恨"的课堂上续写贾宝玉的故事，并分角色朗读，在"《审美教育书简》与审美"的课堂上让同学们表演关于"美"的话剧，谈对于"美"的内核理解……我从课桌走向讲台，成长为独立带班的老师，也鼓励学生从台下到台上，展现自己所学所思。

我和同学们讲，导引课程是让万事万物现身的"奇妙影院"。这门课将我们以前片面的认识重塑，让同时代的材料纵向交融，就像把"平面打印"换成"3D 打印"，让我们看待事物更加立体、更加全面，如同走入"博物馆奇妙夜"一样，历史人物和历史事件在不经意间"活起来"，让我们读懂他们的"感情"，从而更能够了解历史，更善于把握未来。它让我们能够在历史的洪流之中更善于把握方向，在"历史重演"的时候，有"独立之精神，自由之思想"。所以，我也借机鼓励大家在读经典、读文献的过程中，注意把自己放在作品出现的大环境之中，在相应的历史情境之下去考虑问题，关心国内外大事，学有所用，不读死书，也不做掉书袋。

我曾和大家讲过电视剧《宝莲灯》中的一个片段：沉香在吃掉太上老君的仙丹之后，这些仙丹慢慢融入他的血肉之中，永远成为他身体的一部分，这部分力量是永远不会被外力所伤的。其实这也是让大家明白在人文社科经典导引课程中的所学所思，以及日后在专业课中的所学所思也会一样，永远成为大家力量与信心之来源，成为我们成人成才之基础。而这些能成为基础的，必然是我们所应该注重的经典内容，要想让这些经典为自己所有，在"大班教学、小班研讨"的过程中，真正领悟经典所呈现的内容，在一篇或者几篇课之展开的领域中深入研究和探讨，让自己有更深的理解。

在我认真学习教材之后，也发现《人文社科经典导引》浓缩了人文社科领域最有代表性的作品，成为架构我们思想的"钢筋结构"。我告诉同学们，对于这门课的学习一定会成为架构大家知识框架最强硬的支撑！但仅有支撑是不够的，在大风来临的时候，如果没有混凝土和砖墙的配合，我们也会被吹散吹倒。所以，希望我们大家能够在导引之下，有更多的阅读、实践和思考。比如，要更加了解"经典"是什么，"经典"之外是什么，要能在课本之外的经典触类旁通，将这门课作为对自己以后学习的导引，找一些经典，尤其是原典内容，好好地啃，好好地嚼。

虽然担任人文导引助教的时间并不长，丰富的内容和短暂的学习之下，犹显我的课堂仓仓促促，但我想，我要向同学们传达"人文之用"的价值、"破除成见"的思考、"认识世界"的好奇、"打破权威"的自信，已经在日常课堂中做到。我也相信，这段经历我也会和同学们一起，受用终生！

图 1-3　外国语言文学学院 2020 级 1 小班与 3 小班跨班学术辩论现场

图 1-4　反方二辩娄馨宇同学正在发言

我与人文社科经典导引之间的故事

刘文彬　哲学学院 2020 级博士研究生

　　这是我在武大的第八个年头，对于武汉大学本科生通识课程，我经历过学生的角色，也经历过助教的角色，这些弥足珍贵的过往，让我深深赞叹武汉大学本科生通识教育改革走过的探索历程和取得的丰硕成果。记得还是本科大二在哲学学院老师的课堂上，第一次听说武汉大学本科生通识课改革的一些进展。老师当时提到，武汉大学安排了相关的团队多次前往国内外著名高校进行调研考察，学习借鉴清华、北大、复旦、哈佛等高校的通识课课程设计和教学经验，决心对通识课教育进行更加科学完善、更加符合学生培养需求、更加满足社会发展需要的改革规划。彼时大二的我对此充满期待，但是直到我毕业留校读研后，武汉大学基础通识课人文社科经典导引和自然科学经典导引才在 2018 年开始进入本科生课程规划中。虽然自己没有机会赶上"两大导引"课程的学习，但是我很幸运自己可以有机会以另一种身份参与其中，即报名成为"两大导引"课程的助教，也为武汉大学的通识课教育贡献自己的微薄力量。因此，在 2018—2019 学年，我连续担任了两个学期的人文社科经典导引课程的小班助教。由于当时小班的带班老师人数不太充足，我担任了一次带班助教，核心工作是全程筹备、主持开展小班研讨。当时我是第一次担任助教，内心非常紧张，但是我坚信勤能补拙，相信自己可以通过前期的周密准备来应对自己不熟悉的工作。因此，那个学期我自觉旁听了每一次大班授课，向身边的老师、同学请教相关教学经验，课前对研讨主题进行深入的阅读思考，搜集相关的学习资料。我很感激这段时间自己扎实的工作，第一次助教期间的工作经验为我后来数次助教工作积累了宝贵的经验。在 2018—2019 年第二学期的助教工作中，我承担的是助教组长的任务，跟带班助教主要将精力放在课堂讨论中相比，助教组长的工作集中于搭建主讲老师、小班助教、大班学生三方之间的桥梁，当时大班学生一共 120 人，因此各种工作非常琐碎，需要极大的耐心才能发挥好自己的桥梁作用。担任助教组长的这段工作经历让我真正意识到，一件再复杂的工作，只要你有耐心，最终都能将其完成好。研三学年由于疫情突发和考博备考，我没能参与导引课程的助教工作，留校读博后，我继续报名回到了这个熟悉的工作岗位上，我很荣幸自己可以再次回归这个充满人文关怀与知识乐趣的大家庭。与此同时，我也发现了导引课程的些许变化。例如，在考核方式上的变化，有了结课论文和随堂考试两种方式；增加了 Quiz 测试；4 次小班研讨增加至 8 次小班研讨，让研讨主题更加集中。这些变化让我深刻地感受到武汉大学本科生通识课教育改革并不是完成时，而是一直在进行时，并且一直在向更加完善的方向前进。

截至目前，我已经总共担任了四次人文社科经典导引课程的小班助教，其中有三次是带班助教，一次是助教组长，研究生学习期间也担任了导师开设课程的助教，可以说，在导引课程的助教经验上，我是相对充足的。回顾这些助教经历，我能够感受到助教工作既是一份总体性的工作，同时也是一份需要细心、耐心的工作，尤其是针对授课学生基本上是大一新生的人文社科经典导引这门课程而言，我们助教既要在总体上尽可能明晰该门课程的教学大纲、教学理念目标、教学方式等，也要在教学的每一项环节中抓住细节，踏实耐心地完成自己的工作任务。总的来说，助教工作给我带来的不仅仅是一份工资报酬，更重要的是，我将这份工作看作自己未来教学生涯的一粒"萌芽"，而一粒真正的"萌芽"内部包含了一棵参天大树所拥有的每一个环节。因此，随着助教经历的增加，我申请担任助教的初衷，从完成一份事务性的工作以完善自己的求职简历，转变成把助教工作看作自己读博生涯中的一份值得回味、令自己感到满意的教学事业。

谈及目前的助教工作，就事务性的工作而言，我认为自己比较好地完成了自己的工作职责，但还是存在一些有待完善的地方，例如小班讨论的提问环节，偶尔会出现学生提问的积极性不高的现象，又或者，学生提出的问题过于浅显，以至于讨论不能进展到更深层次，在以后的教学过程中，我会重点思考如何解决这些问题。我想着重谈的是自己在小班研讨中贯彻的具体理念，也是自己担任助教工作的些许心得。拿现在的情况举例，我目前担任历史学院大一新生的带班助教，学生们的历史专业基础知识比较扎实，思考问题的思路也比较开阔，语言表达的能力、积极性较高，而我的研究方向是马克思主义哲学基础理论，非常注重历史唯物主义原理的深刻意义，因此，我结合学生的学科情况与自己的专业背景，依托自己擅长理论研究的基本专业素养，在小班研讨的课前内容准备、课堂讨论展开两个环节中，都非常强调以下三点：第一，注重讨论话题的时代背景。每一部经典某种意义上都反映和回答了各自所处时代的时代难题，都是对时代问题的深入解答，因此，我们在思考讨论题时，一定要从时代之问的角度出发，先考察问题出现的时代背景，把握经典和话题的时代性、历史感，站在历史发展的角度思考时代问题的起源与演变趋势。例如，我会尽可能启发学生，必须在特定的历史背景下思考庄子为何会推崇"无待"的精神境界，而胡文英又是在怎样的时代背景下作出了庄子"眼极冷，心极热"的判断。考察讨论主题的历史背景对历史学院的学生来说是提升专业素养的方式之一，同时也有助于他们养成严谨的治学思维。第二，注重讨论主题的现实关切。我们在关注讨论主题的历史背景的同时，也必须将当下的生活纳入自己的思想视野，对经典的阅读，也必须结合对当下的现实生活的思考，才能常读常新，才能挖掘经典历久弥新的深邃魅力。例如，在讨论"内卷""人类中心主义""自然中心主义"等现象和现实问题时，我要求学生必须区分"现象"与"现实"，"现象"是直接呈现在我们面前的，"现实"则是需要我们去进行解构的，因此，在思考"内卷"等现象时，我们不能只是仅仅停留于直接性的表象，而应该更多地探寻使其成为"现实"的真实根据。第三，注重阅读材料的广泛。无论是对讨论主题的历史背景的考察，还是反思讨论主题的现实关切，都要求学生广泛地阅读相关材料，而不仅仅是在百度上简单地搜索答案，我一直告诫小班的学生们，一个简单的、直接的答案远远满足不了我们武汉大学学生的课堂研讨。

最后，我必须谈谈我所遇到的每一位主讲老师，以及每一个小班的学生们。在我看来，武汉大学深厚的人文底蕴，不仅源于有一群热诚教学事业的教师的辛勤耕耘，也源于一批又一批武大学子的刻苦勤勉。聆听每一次大班授课，参与主持每一次小班研讨，我都能深切感受到每一位主讲老师备课方面的认真细致、授课方面的各具特色，也能深切感受到每一批武大新生学子思考问题的敏捷全面、观察社会的细致入微、看待生活的昂扬乐观。作为一位武汉大学人文社科领域的在读博士生，我既是一位学生，也是一位助教，我从遇到的各位老师、学生身上学习到的东西，可能远远比我付出的更多，我想，这就是教学相长的真正内涵，也是我担任助教以来收获的最珍贵的精神财富。

通专相融，教学相长

胡琼玲　政治与公共管理学院 2019 级硕士研究生

在 2020 年 9 月至 2020 年 12 月以及 2021 年 9 月至 2021 年 12 月，我两次担任武汉大学人文社科经典导引课程助教。第一次助教所带的是基础医学院的大一新生，第二次助教所带的是弘毅学堂的同学。最开始申请助教工作的时候既激动又忐忑，怕自己无法胜任这份工作。不过在经过通识助教中心的培训，以及与各位老师沟通后，我对助教工作愈来愈熟练，并在第二次助教过程中担任助教组长。这两次助教经历让我感悟良多，让我对通识教育有了由浅入深的认识，同时也给我带来了许多成长。

在 2015 年秋天，我踏入了武汉大学的校园，开始了我的大学生活。犹记得那时候还没有通识教育的课程，只有大类的专业课以及更加细化的专业课。如果对其他学科感兴趣，只能选别的学院开设的选修课或者在选择公共选修课的时候"抢课"。在那时我还是"抢"到了不少有意思的课程，例如宇宙新概念、体育旅游、生活中的化学、汽车概论、营养学、戏剧影视批评方法、《资治通鉴》导读、二外德语等。如果没抢到课但又实在感兴趣的话，便只能去蹭课了。于是乎在很长一段时间内，我都会默认为在学校学好自己的专业课程就足以。但随着武汉大学通识教育课程的开设，我愈来愈觉得进行通识教育是非常有必要且有意义的。它给了人文思想一个容身之地，更能培养综合性的人才，不仅让刚入学的新生有一个从高中学习到大学专业学习的过度桥梁，也让同学们能以更广阔的视野分析自己的专业问题。

所以当得知可以申请人文社科导引课程助教工作的时候，我便申请了。现在回想起来，与其说是我做了两次助教工作，不如说是我接受了两段通识教育，弥补了本科阶段没有这门课程的遗憾。在这两次通识教育的过程中，我也从老师们和同学们那里学到了很多。

第一次在基础医学院当助教的时候还稍显陌生，好在通识中心安排了助教培训，让我们对所需要进行的助教工作有了基础性的了解，主要是协助组织小班研讨，与老师保持良好的沟通，及时传达相关信息，做好辅助性的工作。第二次在弘毅学堂当助教组长时，我已对这份工作游刃有余了。每次在上大班课的时候，我已然忘记我是一名助教，沉浸在老师们给我们带来的红楼的世界、论语中关于"仁"的讨论、苏格拉底的灵魂整体说、自有与永有的关系等。每次上大班课程的时候，我都十分庆幸自己能来听这样的课程，虽然一次课只有不到两小时的时间，但是每次课老师们都会剖析一部经典，引导同学们从不同角度思考、辨析，带大家走入某部经典的世界，那时候我只当自己是一名学子。

而小班讨论时，我见识到了同学们在讨论的过程中思维的碰撞。小班讨论的形式多种多样，主要有学术讨论、艺术表演、学术辩论、PPT 展示等方式，给予同学们充分的讨论空间和讨论机会。例如我们在《红楼梦》的小班研讨过程中采取了情景剧表演的形式，各小组选取《红楼梦》中的某个片段进行情景剧表演，在表演的过程中，表演的同学和观看的同学都能对这一段情节有更深刻的印象，也对《红楼梦》中的人物形象有更透彻的体悟。在对《庄子》的讨论过程中，各小组自由选题进行 PPT 展示，如：儒家似"粮食店"，道家似"中药铺"这种说法如何理解？如何理解"庄子眼极冷，心肠极热"？阐释"以出世之精神做入世之事业"等。各组同学都从不同的角度对问题进行了辨析，能引导同学们对问题的思考和判断。再比如在《斐多篇》的小班研讨过程中采取学术讨论的形式，各小组先行讨论，再派出代表进行总结性发言，老师和同学们针对其发言提出问题，引导同学们对某一问题进行深入思考，锻炼总结发言的能力。在《坛经》的研讨过程中，采取短剧剧本创作表演的形式，各组进行《梦会谈禅》短剧剧本创作，假设惠能、神秀、苏轼、佛印、唐寅等人梦会、对话。在种种形式中，我能看到有些同学在讨论中成长，有些同学在多次发言后得到了锻炼，在表演中将自己完全代入角色。在他们或讨论或展示的过程中，我也在学习成长。

在助教过程中，我时常思考通识教育的问题，在这份工作结束的现在，我对通识教育也有了更多想法。在没有通识教育的本科阶段，我周边的同学每日都在学习专业课的知识，刚入学的时候各院系的同学并没有太大区别，但在几年后，思考问题的方式却千差万别，大家都更倾向用自身的专业视角来思考问题，少了一点综合性。通识教育的根本是引导人的全面发展，但是现在大部分的大学教育是为了培养更多适应社会生产生活需要的专业性技能型人才，教育目标随着社会实际的需要而轻易流变，并且对个体进行的教育更加专业化、细分化，未能很好地引导其全面发展。各学科的研究领域太细太专，以至于甚至有些同学对本专业之外一无所知，而通识教育恰恰可以矫正这一弊端，因为它从本质上来说正是反专业化的。不可否认，大学当然要传授专业技能，但充分唤起成人的意识，是每个人作为专业人的基础。大学通识教育就是要充分地唤起每个人完整成人的意识。由此看来，武汉大学现在开设了通识教育的课程，是迈出了一大步。同时也由衷希望武汉大学的通识教育能够迈上新的台阶。

新手助教的成长与收获

丁　琳　文学院2020级硕士研究生

2021年秋季学期，我担任了人文社科经典导引的带班助教，和计算机学院一百多名初入珞珈山的同学共同学习了八部中外经典，并与第四小班二十四名同学开展了八次小班研讨课。

回顾这一学期的助教时光，感触与收获都颇多，可以在研究生期间接触导引课程，我感到十分幸福。早在本科二年级的时候就听说学校计划开设导引课程，2018年秋季学期，酝酿与筹备了两年多时间的导引课程正式面向全校本科新生开课，彼时已经大三的我并未走进导引课堂。时隔三年，导引课程愈加成熟，已成为国内独具特色、首屈一指的通识课程，我有幸以助教的身份与学弟学妹们一起学习传闻中的导引课，精心编选的教材和主讲老师层层深入的课堂都让我深切体会到了人文导引课程的用心与魅力。在大班课上看着讲台上充满激情的老师和四周朝气蓬勃、兴趣盎然的学弟学妹们时，我不得不感叹此刻学在珞珈的幸福。幸福感更多地源于我作为学生的感受，而助教身份又让我拥有了许多独特而宝贵的体验与收获，经过一学期的实践，我对带班助教这一角色有了更加深入的认识。

一、新手上路：态度与方法

通过人文导引课程的助教遴选与培训后，我得知自己担任助教的班级没有小班老师，需要独立负责组织和引导小班讨论课时，内心十分忐忑与紧张，这完全是全新的考验，因为我既是第一次接触这门课程，也是第一次担任助教。认真学习了助教手册后，我对小班讨论课和带班助教有了初步的了解，本学期人文导引课程采取8+8模式，每节大班课结束后开展一次小班讨论课，小班讨论课的形式丰富多样，有PPT展示、辩论和情景剧等多种研讨形式，带班助教的主要工作内容是独立组织与引导小班讨论课，并做好课堂评价与总结。

随后到来的第一堂大班课让我这个新手助教对人文导引课程的方向有了更加明晰的认识，主讲老师陈溪老师引用了康德在《纯粹理性批判》中面向人提出的三大问题——"我能够知道什么""我应该做什么""我可以期待什么"来增进同学们对课程主旨的认识，这三个问题分别从科学、伦理道德和人与世界的交互关系三个层面指向"人是什么"，也即导引课程的核心关键词"人"。作为助教首先应该认识到这门课程不仅是为了介绍经典中的知识点，而是要在导读与阅读经典的过程中培养学生的博雅品位、独立人格与自主思维，实现从中学教育到大学教育的跨越和成才先成人的目的，助教在小班研讨方案的设定、发言讨论的引导和课堂总结评价等方面都要紧守导引课程的教学宗旨。

明确课程主旨是助教对导引课程的基本态度，还应端正对待课堂与学生的态度，秉持严谨与负责的态度对待小班课。作为带班助教，应按时聆听大班授课，积极与主讲老师沟通选题，制订清晰的研讨方案，及早通知小班同学，确保同学们有充足的时间准备。讨论课选题既要从经典中来，也要具有可讨论性，让学生们有话可说。本学期我所负责的小班讨论课选题主要来自于大班老师，主讲西学的陈溪老师与主讲中学的叶李老师会针对一本经典给出两个具体选题供学生选择，老师们也鼓励助教自行拟定选题。确定讨论主题后制订研讨方案，方案包括选题内容、讨论形式、环节以及各环节的具体要求等。为了避免四个小组的讨论内容出现重复或大同小异的情况，每一个选题至多由 2~3 个小组选取。此外，我还要求各小组至少提前一天将 PPT 发送至小班群，一方面让不同小组了解彼此的展示内容，以免讨论课当天因不熟悉其他组的展示内容而讨论不充分，另一方面助教可以查看 PPT，了解和思考各组的主要展示内容，在讨论课上更加精确地指出问题和进行详尽的点评与补充。

其次，讨论课应以学生为主导，将主要发言机会交给学生，助教则充当引导者的角色。还记得第一次大班课结束时，陈溪老师得知我们几个助教都没有经验后，鼓励我们要相信自己，小班课上注意启发式引导学生，及时调整偏离主题的讨论。以我所在小班的 PPT 展示为例，为控制讨论时间与节奏，在开始展示前我会强调讨论方案中各环节的时间要求，各小组发言人依次上台展示 10 分钟以内，每一小组发言结束即进入交叉问答环节。此时可能会出现两种需要注意的情况：一是某个小组的展示内容引发热烈讨论，个别同学多次发言且发言时长超出限制；二是某个小组展示结束后冷场了。虽然热烈讨论值得鼓励，但如果出现第一种情况，还是要注意各小组讨论时间的平衡，适当提示时长限制，如果同学们表现出很大兴趣且此话题值得讨论，可以适当延长 5 分钟以内的讨论，还要警惕出现无谓的争执与离题等情况，这时候助教要巧妙地"打断"学生的发言，如及时总结学生的发言要点，指出发言中的问题，鼓励学生联系主题再加思考，课下继续交流。针对第二种情况，助教要相信学生并不是不想说，而是还没有消化问题，找到想说的点，此时可以调动讨论的气氛，抛出比较容易回答的问题，再将讨论深入。小班讨论课结束后，我会根据每个组的讨论内容与表现整理研讨总结，并提出相应的建议。个人认为研讨总结十分有必要，此时有较多时间回顾整堂课的讨论，课上未发现或提及的问题可以写在总结里，既可以反思自己作为助教的表现，也可以发给学生交流提升。八次研讨课结束，我真切体会到了助教所充当的引导者、衔接者的责任与意义。

二、双重身份："助"与"学"的收获与反思

作为助教，我还远未及师者的"教"，更多的是"助"，但我在这一过程中依然体会到了何为教学相长："学然后知不足，教然后知困。"即使小班讨论课的形式自由度较高，但课程主体仍是经典文本，因此助教对经典的掌握程度是决定讨论课质量的基础。虽然我的专业为人文学科，但惭愧的是导引教材中的十二部中西经典未曾全览，尤其是《论法的精神》《正义论》等西学著作只是略知一二。读完所有经典是一项艰难而漫长的任务，但不可因此放弃对经典的深入，小班课万万不可打无准备之战。我主要是通过预习教材、聆听大班课、阅读经典选篇和相关文献来加深自己对经典的理解。十二部经典都是广博深奥之作，教材每一章节的导言可以帮助我们抓住经典的要义，教材中的经典选篇也是围绕着核心问题的精华篇章，因此，仔细预习教材是初步把握经典的重要途径。我也会按时参与大班课堂，主讲老师会围绕经典的核心关键词精心讲解，如《斐多》与生命、《史记》与使命，我们可以在主讲老师的带领下思考这些经典选入教材的原因与意义，主讲老师的延伸也会为我们带来许多启发。未理解的部分还可以阅读未被教材录入的经典选篇和查阅相关文献加深思考。导引课让我了解了许多平时专业学习也许不会接触的经典文本，深深体会到阅读经典的重要性。

我所负责的第四小班也让我收获了许多"惊喜"，第一次上小班课时我看到坐在前排的两位男同学的导引教材上被笔记填满了，心中十分欣喜作为理科生的他们对人文导引课的认真态度。开始讨论后，同学们的知识面和思考能力也超出了我的想象，课堂氛围较为活跃，大部分同学对待问题有独立的见解，作为文科生的我感受到了与理科生的思维碰撞，在课上因为时间原因没能充分讨论的问题课下还会在群里交流彼此观点。八次小班讨论顺利结束后，我也总结反思了一些值得注意的问题：

（1）小组成员讨论准备工作参与度不够。在查看各小组 PPT 上的分工安排时，我发现部分小组并不是每次都全员参与准备工作，与小组长交流后得知，有的小组因课业繁重而内部二次分组，轮流负责准备不同主题的讨论课，有的小组是因为个别组员不回复；针

对这种情况，我采取的方法是告知相关同学小组讨论分工时任务的轻重可以根据组员的个人情况适当调整，但必须全员参与准备工作，并鼓励每一位同学至少要当一次小组发言人。除此之外，我想也可以尝试不固定于一名组长，采取成员轮流负责制来避免出现不劳而获的情况。

（2）发言讨论参与度失衡。小班课堂有一部分同学几乎从不发言，这些同学可能是因为缺乏自信、性格内向或对问题暂时没有想法，对于这部分同学尽量采取口头鼓励的方式，也可以向这些同学提出一些与实际生活相联系、有话可说的问题，得到回答后再联系讨论主题进行追问，部分同学发言回答后会增加自信心，后续课程也能打开"话匣子"。

（3）讨论课学习状态较为消极。有个别同学上课时做与课堂无关的事情，遇到这种情形，我会尝试口头引导大家注意倾听思考其他同学的发言，并在课堂加入小组点评环节，一个小组的发言展示结束后，随机请 1～2 位同学起来点评或总结，重点关注不认真听课的同学，引起他们的注意。

（4）讨论内容浮于表面。一方面部分展示分析问题较为模式化，有时谈到具体做法会采取思修课般的回答。另一方面自由讨论时并未进入问题核心，不具备启发性。对于这一问题，新生们思维方式还处于过渡状态，人生经验亦有限，助教作为引导者要肩负起把控讨论课深度的责任，如提前思考讨论主题，总结出问题核心；查阅文献加深认识；上课时通过追问或点评的方式尽量将学生向问题核心引导；对讨论主题存疑的地方也可以积极寻求大班老师的帮助。

图 1-5　文学院 2021 级同学在"旋转舞台"研讨模式中进行着"访问者"与"解答者"讨论

　　担任人文社科经典导引课程的助教是非常独特而宝贵的体验，我获得了许多走进经典的机会，收获了大班老师和小班同学对经典的精彩解读与多角度思考；在课堂上锻炼了组织与引导能力，同时也感受到了与学生交流的愉悦，也更加喜欢与敬畏教师这个职业。在实践中，我也看到了自己的诸多不足，在调动学生积极性、把控讨论节奏、升华讨论深度等方面还非常薄弱，这也是今后需要努力提升的方向。

对助教工作的一点感想

马吟风　国际问题研究院 2021 级博士研究生

我在 2018 年进入武汉大学历史学院攻读世界史硕士学位，在 2021 年进入国际问题研究院攻读国际法学博士学位。我在 2020 年秋季学期首次担任人文社科经典导引这门课的助教，时隔一年后，再次于 2021 年秋季学期担任人文社科经典导引的课程助教。

作为历史学的学生，姑且妄自称"研究者"，伤古怀今应当是一项"职业病"。所以在谈对担任本科生助教的感想的时候，我想提一些无关紧要的我个人的经历。

我是 2014 年参加的高考，当时正赶上 4G 网络在全国全面铺开，是一个信息爆炸的时代。我想大多数同龄的学生都经历过很长一段时间只与书本打交道的"断网时光"。我在填报志愿的时候，尚不清楚什么叫"上床下桌"，也不知道填报的某个专业具体要做什么。在这么一种情况下，我自然是选择了看起来"最能挣钱"的经济学为第一志愿，然后选择了"可以天天玩游戏"的电子信息工程为第二志愿，然后糊里糊涂地被"电子信息大类"录取，随后绝望地发现，我最拉胯的数学（虽然我是理科生，但是很惭愧，我的高考数学成绩濒临不及格），在录取我的这个专业，要求几乎和数学专业是一样的！

我的本科学校是一所以制造浪漫为己任的学校：学校后山水库被无数学子昵称为"情人谷"，夏夜海风吹拂过宿舍楼下长椅上乃至夕阳照耀下图书馆空无一人的走廊里永远不缺卿卿我我的爱侣，校园不少"大咖"教授曾有"谈一场轰轰烈烈的恋爱"一类的言论。面对学习的痛苦，十八九岁、已经压抑了十数年的少年会怎样选择呢？恳切地说，直到现在我也是"闻道大笑之"的下士，至于我的 Freshman Year 有多么荒唐，各位看官可尽情发挥想象力。

荒唐的大一自然以成绩单满线飘红为悲惨结局。好在我的本科学校当时在转专业这方面极尽仁慈，不仅转专业不看成绩，转完专业以后对过去挂科亦既往不咎。我选择的人文学院转专业笔试有两门，一门外语，一门语文，总分 200 分，考了 60 分即可通过笔试。我至今仍记得那个让我走上历史学研究之路的电话：五月下旬的一个下午，我的一个老乡

（不知"老乡会"这类东西在新晋大学生中是否还热络？）在吃泡面的时候电脑遭遇了泡面汤的不幸，我莫名其妙地志愿陪他去修电脑。然后我就接到了自称人文学院老师的电话，一个年轻的男声在电话那头响起："同学你好啊，你这边通过笔试了，有两个志愿，我们的专业有汉语言文学、哲学、历史、人类学，你可以选两个。"我当时还是很有一点"毕业找个好工作"的念头，汉语言文学——我在转专业之前的目标，听起来就是个万金油专业，想必也不太难？但万一没被录取呢，我还是要有个保底的专业。往年转入历史专业似乎是最简单的。至于人类学和哲学，前者我当时根本不知道是个什么东西，而后者，直到现在我仍提不起兴趣。我向来不勤快，能少说点就少说点。"汉语言文学"五个字，"历史"两个字，我自以为是地认为两个志愿是"平行志愿"，那我当然要先说字少的那个！"历史、汉语言文学"——我当时这样回答道。因此我就稀里糊涂地进入了历史系继续我的本科生涯。

在这之后，我曾想过很多种未来：要么去中学当个老师？或者像当年明月一样写一些类似《明朝那些事儿》的通俗读物？二年级上学期的寒假，我生了一场病，下学期开学伊始，请了一个月的假。开学交假条的时候，有一位老师可以被作为本次写感想的素材。在递别的老师假条的时候，或"放在这里"，或"知道了"，而独这位老师，竟道了一句"谢谢"。然后我开始认真听这位老师的讲课，然后我了解到了冷战国际史研究，这项我至今仍从事的研究领域。我在之后与这位老师的进一步接触中，了解到了历史学研究的方法、意义，收获了对历史学研究的兴趣，并与这位"青椒"结为私交颇笃的朋友。

我不知如何来描述对这位老师的感受，大概是一种来自上级，来自长辈，或是来自一个较我知识渊博，思想深邃者的"尊重"？不知各位看官中有多少人看过"哈利·波特"，其中霍格沃茨的老师们，即便年长如麦格教授，也会喊十二三岁的小男生"某某先生"——我当时的感受就是如此。多年以后，当我做助教的时候，我也时常想起这位老师：我是否也能让我的某些学生感到来自我的这种"尊重"？

回到"感想"这个话题上。英国历史学家柯林伍德（R. Collingwood）曾说："一切历史都是思想史"；意大利历史学家克罗齐（B. Croce）进一步提出："一切历史都是当代史"——我不会就史学理论说更多，一者对我来讲这实在是令人发困的领域；二者我对此不甚精通，现学现卖无非只会让诸位方家笑掉大牙。但是我想在这里引述我本科时期一位学长的话："这些史学理论并不一定要深刻理解，它们总会在你以后的研究中体现出来"——对我来讲我想这会更进一步：在我面对那些尊称我为"老师"的学生时，我对他们是怎样的存在呢？"新鲜刺激"的大学生活对他们又是怎样的存在呢？我第一次助教工作负责的是一群来自法学院的同学，第二次负责的是健康学院的同学。或许这些尊称我为"老师"的学生，像我当年一样——有些正像我头痛高数一样头痛某学科；有些正享受着青涩带来的苦楚，或愿为此而跃跃欲试；有些正为没有被心仪的专业录取而苦恼——或许是我多虑了，或许这就是批评家批评历史学的写作者们笔下的历史"是任人打扮的小姑娘"的证据。但是希望得到尊重，至少在我看来，应当是每个人的共情。

我自然是不指望像我的那位本科导师一样，能对某位学生施加足以影响他/她未来的影响——若是我把某位法学院的学生或是健康学院的学生吸引来读历史，那可真是要挨这两个学院老师的骂了；也不指望作为一个助教，教会同学们某些人生大道理。我仅愿在结课的时候，在按要求完成工作之余，能让我的学生们（姑且自居"老师"一次），多少能从我这里感受到一点"尊重"。那么我这一期的助教工作对我来讲就没有太多遗憾了。

私以为，用言语来写感悟，乃是对感悟的浅薄化。诚如我上文所讲，我的感悟，也请各位看官"尽情发挥想象力"。以上是为感。

通识助教：一个"友爱共同体"

梁香香　政治与公共管理学院 2020 级硕士研究生

在担任助教一年多的时光当中，我积极地与授课教师、学生进行沟通交流，按时、高质量地完成老师布置的各项工作，协助老师进行教育技术、方法改革，协助老师在课堂上、在生活中积极引导学生成长成才。在协助老师工作、处理学生问题、组织和管理课堂秩序的过程中锻炼了我的组织能力和语言表达能力，更重要的是，与来自不同学科、不同专业的宝藏同学们的思想碰撞，带领我思考、探索在阅读学习人文社科经典中遇到的种种问题，给了我很多启发式的感悟，提升了我的思辨能力，令我受益匪浅。

初次接触"大班授课，小班研讨"是在 2017 年秋学期，在读大三的我选修了潘迎春老师简明世界史公选课，当时就对这种启发式、讨论式、参与式的教学方法备感兴趣并大加赞扬。幸运的是，研究生阶段能成为这类基础通识课程的助教，并获得"武汉大学优秀助教"称号。我认为，好助教的优秀之处总是相似的，责任心是成为一位好助教的必要条件。也就是说，如果你能够认真负责，也不一定能够做好助教工作，但如果你不认真负责，那么你一定做不好。在责任心的培养和践行方面，我认为，一是面对学生要有发现问题的眼光。小班研讨课最终目的是为了更好地服务学生发展，与学生共同成长进步。因此，助教平时要多与学生沟通，沟通不是被动地等学生反映问题，而是用发现的眼光主动去了解学生需求和学习困难，打造一门既是趣味十足，也是干货满满的课程。二是面对老师要有分析问题的能力。助教工作在课程的第一线，我们不能囿于做上传下达的传声筒，也不能把课程问题全部甩给老师思考，要有分析问题的能力，尽力协助老师改善课程设计，达到最优的课程效果。

相比于其他课程，小班讨论课的开设是通识核心课程的独特之处，同时也正是其魅力所在。选择与课程内容、社会发展、日常生活紧密相关的主题，课堂上设置提问环节并对话题内容进行有效总结延伸，能够更加有效地组织小班讨论活动，让同学们在讨论课中思考、表达、提高。接下来，我将对我在担任小班研讨助教过程中的经验和感想进行小结：

（1）助教需要早做准备。小班研讨课中助教的组织引导具有辐射全局的作用，要像主持人一样把研讨课安排妥帖，让学生讨论的焦点聚焦于老师提出的问题，并通过好的引导与思考点激励学生去寻找阅读材料、组织自己的思想、表达、倾听、反驳，与他人交锋。如何做到这些呢？我认为，助教要去尝试提前知道每个小组所要讨论的内容，甚至在小组准备的过程中进行指导，在小班研讨课前一天获悉同学们的讨论大纲、PPT 等，从而对学生讨论内容有提前的认知并做有针对性的安排。同时，小班讨论课上，助教应努力引导、鼓励同学发言，同时避免自己过度"干涉"或少数同学垄断了发言。因此，助教们的准备工作对小班课的意义是基础性的。助教在讨论课前充分备课，对讨论课可能出现的诸种情况有所预判与准备，是确保讨论顺利进行的关键。虽然这对助教主持工作的工作量提出了更大的要求，但效果却出人意料地好。

（2）鼓励学生脱稿表达观点。小班研讨课的具体组织形式包含学术会议、辩论、艺术呈现等多样的形式，但相同的是，都需要学生进行现场的陈述和讲演。对于学生的发言形式，我认为应当尽量鼓励学生在认真准备讨论稿的前提下脱稿表达自己或小组的观点，而不是照着文本来念。小班研讨课是很好的磨炼每一个学生口头表达和思辨能力的机会，应避免把珍贵的讨论时间花费在照本宣科做文摘上。脱稿表达的形式还存在另一个优点，学生在表达的时候更容易抛开无关主题的套话、废话，抛开无关紧要的材料堆砌和语文修辞，抓住自己的核心观点和论证结构。因此，口头表达也是训练思考能力的重要途径。对于部分学生来说，要求脱稿就什么也不敢说，积极性大受挫折，甚至可能导致冷场。这需要助教们循序渐进地引导，对讨论现场做出掌控和权衡，如放松讨论氛围，消解学生做公共表达时的羞怯感，最重要的是要事先告知，让学生在课前有所准备。

（3）提高讨论积极性，制定合理的评分规则。要提高讨论积极性还有很重要的一点：让学生感到确实存在一个客观的衡量标准，如果积极按照这个标准努力，就可以预期获得较高的分数。因此，首先，我们的标准应当在一开始就向学生公布清楚；其次，这个标准应当是与我们对核心课程价值的理解相匹配的，如此才能把学生对绩点的渴望与我们的教育目标统一起来。如前所述，笔者认为核心课的重点是培养学生独立思考的能力、用自己的语言进行表达能力、倾听和概括他人意见的能力、进行周密的逻辑论证的能力。因此讨论课上的现场表现会成为平时成绩很重要的一部分。树立这一标准也能强烈刺激学生的讨论课发言欲望。同时，对讨论稿的评价标准，上文已经以写作建议的形式给出，对这一标准的实践，不仅仅是"规则"所能解决的，而需要助教付出一定耐心，深入每一篇具体的文章中进行审查。

学生们自己也会在专业学习之余寻觅志同道合之友，时常聚在一起探讨问题，交流读书心得。这种共同阅读、共同交谈的经历，是通识教育留给我的最宝贵的回忆，它让我学会放开自己，超出一时一地一己之私的狭小视野，把自己和广大的世界、悠久的时空关联起来，同时也和他人真正关联起来，实现人与人之间的友爱。通识教育对我而言，对我身边的同学而言，最值得的正是：读好书、交好友。

在我看来，在当今时代的困境下，通识教育的确有它的紧迫任务和重大意义。如果通识教育课程落到了实处，对学生个体而言，它也是一件最朴素的事——静下心来，耐心读完几本好书，去试着思考那些根本性的问题。这些问题可能看似无用，也往往不会有确切的答案，但一个人要想清醒地生活、诚实地做人，就一定会遭遇到这些问题。

通识教育是一项了不起但同时也充满困难的事业，然而正如苏格拉底所说的，一切伟大的事情都是艰难的。不过，无论这条路多么艰难，还有我们身边这些出色的老师和优秀的朋友，能以先生之风为榜样，与这个"友爱共同体"中的同侪学友一同在学问上切磋琢磨、相互砥砺，是这个年纪的人最值得的事业。总之，十分感恩在研究生阶段能遇到人文社科经典导引课程以及各位老师同学，我定将发扬优点，纠正错误和不足，以真诚之心严格认真对待今后的每一项工作。

第二编

读书不觉已春深

　　武汉大学两大"导引"采取 1：1 的"大班授课+小班研讨"的教学模式，学生们通过老师们的讲解走入一部部经典，也通过多种形式的研讨表达自己对于经典的独特理解。对于研究生助教来说，印象最为深刻的莫过于小班研讨中学生们的思辨力与创造力。导引课尤其强调"三返"，即返回文本现场，返回历史现场，返回生活现场。而小班研讨就是"三返"的集中体现，在助教们的眼中精妙的课程设计、助教和小班老师的引导及学生们的互动实现了完美的融合。在多种形式的小班研讨中，研究生助教和本科生们共同研读中西经典，"读书不觉已春深"。

"人文社科经典导引"打工人实录

陈苗苗　信息管理学院 2019 级硕士研究生

"叮铃铃，叮铃铃……"

闹钟 7 点钟准时响起，我按下闹铃，翻了个身，继续酣眠。五分钟后，又响了，我心不甘情不愿地闭着眼睛摸索着衣服起了床。当代大学生，不，当代研究生，一名妥妥预备科研人，没事谁会起这么早，故而我愿称自己为最强打工人。当初脑烧觉得选个早八的课能让我早睡早起身体好，谁知竟是晚睡早起猝死快，直教仙女落泪。

噢，忘了说，今天是我第二天当人文社科经典导引课程的助教，师姐们说这门课非常让人快乐，钱多事少还能变年轻（不是）。于是作为立志要当经济独立自主女性的我，二话不说"走后门"（不是）成为了众多助教里的一员。好吧，实话实说，等我知道我校还有这门神奇课程的时候，已然错过了助教报名时间，但幸运之神眷顾，因助教还有空缺，我可爱的室友立刻通知我报名，并经过一步步培训以及绞尽脑汁写一封最后因羞涩没读给学生的"信"，我，终于，成功上岸了！

我依然记得我写的信里有这么一段话："说实话，我有些遗憾，我来武大的那一年这门课其实并未开放……为什么会遗憾，因为我在看到课程简介的那一刻，会回忆起刚进入大一时的我在干什么：先是为着终于脱离高考的苦海而欢呼，为着即将到来的新生活和认识各种不一样的人而感到新鲜，武汉大多数著名能玩、能吃吃喝喝的地方都走了个遍，而后，是巨大的空虚感袭之而来。我开始迷茫了，我在想我需要干什么，四年后的我会何去何从，我终将要成为一个怎样的人。"

7 点 30 分，我，社恐人本人，迈着紧张的步伐，抖着颤巍巍的心，小心翼翼又假装自信地走入了青楼某个教室，开始一项项回忆在脑子里看了 N 遍的助教手册工作内容，打开自媒体、插入 U 盘导入前一天学生发给我的 PPT、翻看 PPT 查看是否播放正常、测试音频、打开学习通回顾一遍 Quiz 发放流程等，因着第一次小班研讨为学术研讨式，完成这一切后我又开始兢兢业业地当着无情的摆桌器。

随后，随便找了个位置，打开自己的电脑，再一次回顾学生们发给我的 PPT，并一个人忐忑地等着学生们进来。说到这，我就要哭诉一番了，各位看官评评理，第一次当助教就当带班助教，这合理吗，这合理吗！手册里写着带班助教一人主持小班研讨，而其他类型的助教都有老师带着！呜呜呜，我何德何能！但打工人，打工魂，打工都是人上人，打工不畏苦与难！

7 点 55 分，学生们陆陆续续地都快到齐了。我的心又开始跌宕起伏，太丢人了，亏我还算是他们学姐。

8 点，正式开始了属于我人生的第一堂课，可能也属于他们人生的第一次研讨课堂。你以为我会出粮吗？当然——

没有，一个认真准备了的人，总能体面地面对一切。
但一个认真准备了的人，也总会碰到意料外的事情。
意料外的是，他们治愈了我，不止一次。
课程中，他们很积极，我预想中最坏的冷场的情况并没有碰上，但在后来却也碰上过。
当过助教的人，大抵大概率会碰到一些学生过快地讲完 PPT，留下几十分钟的空白课程时间，那时我以为我得想个招填满这个课，却没想到有学生用自己渊博的知识阐释自己对于某个问题的认识，像一位儒雅的学者。我很感激。是的，感激，我是个笨拙的不太懂得变通的助教，一筹莫展想要活跃气氛时，我不过是也想有人配合我。

我不认为在人文社科理论知识水平上自己是个十分优秀的助教，在我眼里，这群小孩无论是在口才还是在知识储备上都远远强于我，有时候，我甚至怀疑他们才是我的老师，而我不过是个早起来上课的学生。

看他们唇枪舌剑，看他们滔滔不绝，看他们谈笑间你来我往、暗里藏刀，看他们积极向我投稿发表自己关于课程内容的一些观点，看他们会在课程成绩出来后会问我为什么会是这样的结果。我突然意识到，这可能不只是一份助教工作。过往我在好好打工，课前、课中、课后，按照手册来细细地做好我的工作，一遍遍跟着他们强调一些规则问题，有时也感慨真烦，助教事情好多。但他们带给我的东西似乎更多。

当了一辈子的人，我当了个什么人啊。

"嘶……"我揉了揉自己胳膊，好像趴着睡太久了，打开手机定睛一看，口吐芬芳，睡太久了！下午的助教课马上就开始了！我以迅雷不及掩耳之势熟练地打开媒体设备，拷好 PPT，指导学生们按小组顺序快速做好。

咦，又忘了说，我刚刚好像又短暂地梦到自己以前当助教拉胯的时候了，不过现在，我是钮祜禄陈……
突然，潘老师以其强大的气场震慑住我这嗫嚅的小喽啰，她来了，她来主持这场小班研讨了。
我迅速迎上前，将准备好的小班评分表交给老师。

俗话说得好啊，一胎照书养，二胎照猪养，我这第一次当助教照书做，我这第二次当助教还得……照书做，啧，俗话说的一点都不好。介绍一下，这是我第二次当助教了，这一次，我当上了助教组长，有老师带着我上课了，而且课程还是在下午，圆梦了，朋友们！

但，事情没我想得那么简单。
当过桥吗，虽然连接着两端，但每日里要承受着来来往往过路的人。我现在就是这桥。压力很大，由于部分助教还没就位，我做了很多前期工作，建群、拉人、搞沟通。而我又突然发现我怕老师，哇呜呜呜，因为我好像没能给老师留下好印象，我有个前期工作没做好，就是我应该在第一次大班课前找老师要所有学生名单，而不应该在第一次大班课后。

心塞。这就好像你第一天上班没做好，老板虽没骂你，但你就是能被一股子愧疚感纠缠着，连带着觉得自己老板看自己不顺眼。

而且每每上完大班课后还都要跟老师联系，胆战心惊写好研讨方案交给老师审核，宛如等待判刑（咳咳，夸张了），再之后通知给其他老师、助教以及自己所在的小班。最近，老师们发现助教喜欢在大班课上干自己的事情，提要求了，期望助教们能够好好听课。哎，别说了，都是泪。

"今天，我们小组……"，做完 Quiz，在潘老师的主持下，小班研讨正式开始了。

这一声在提醒我：该回神了，小陈。即使有老师在，我也得听，钱多事少个鬼……我看我是鬼迷心窍了个鬼！

小班研讨上，我观察每位同学的表现，记录着学生们的观点，老师的点评，准备着写课后总结以及帮助老师回忆学生表现情况以打分。

我又在兢兢业业地打工了。我在努力挽回我敬业的形象。

不过，潘老师似乎没有我想的那样可怕，她会每天在朋友圈分享着积极向上的早起语录，会送我她亲自烘焙的蛋挞，她的课程是严肃却有趣的。

这似乎又有些不一样。我以前从来没有太认真地听过那些大班课程。但这一次我在听了。

"我不喜欢在大众面前说话，但很不幸，我当了老师，而这是我必须要做的事情。"
"我不太主动，所以你有什么事情就直接跟我说。"
"我的内心从来没有那么孤寂。"
"这世间没有人像我这般内心纯然地活着。"
"那些人可怜我，却施我以唾沫。"

这是有趣的肖老师在课堂上的一些语录。课堂上有时候并不只有知识，还有老师的一些智慧。他还会对我说，小班研讨上你也可以发发言，做做总结，当助教也要能锻炼自己。

头脑简单四肢发达的社恐本人其实是害怕的，但却在老师眼神的鼓励中，缓缓说出了自己对这次小班研讨的看法。

噢，对了，这学期我还申请了优秀助教，那时，潘老师在我的邮件回复里有一句话是"优秀就是一种习惯"。

我好像意识到了什么。
当了一辈子的人，才知道自己想干什么吗？
不晚的。

"叮铃铃，叮铃铃……"

我又醒了。打开手机，现在是早晨 8 点。天啦！竟然满脑子助教，小陈落泪，对不起学姐！是的，这里向大家官宣一下，我们有一个……呃，有一个写稿的约定。

洗漱，起床，去食堂开心地吃个早饭，目的地图书馆，每日一问：小陈今天科研了吗？

2021 年 9 月，我博一了。两年前我报了 1+4 硕博连读，我一直在想为什么我就报了。我不是个聪明的人，不是个很会表达的人，好像只有我认真地做事才能弥补我的笨拙，但从未抵心。

你问，人文社科经典导引意味着什么啊？

是悟吧。

三生万物，吾以观复

——一个助教眼中的通识课堂情景剧

徐睿智　文学院 2020 级硕士研究生

"虽然目光所及之处不过一颗星，然而它带给我的是内心的宁静……"她低声念着台词，猛然抬头看向我："姐姐，我们这段再录一遍吧。"我按下相机上的暂停键："诶？这段演得很好呀，已经是录制的第三遍啦！"她坚定地告诉我："我这段的情绪应该还可以更饱满，头也可以慢慢转过来不看镜头，姐姐，来吧，来吧。"看着她认真的面庞，再看到她的搭档期待的眼神，我再次调整好三脚架的位置，按下了录制键。已是晚上 10 点，抑扬顿挫的念词又在空旷的教五教室中响起，只有从教室玻璃窗中透过的来自走廊的点点微光，依然见证着我们的努力……

2021 年 11 月 17 日，"武大通识教育"公众号发布了一条资讯：文学院 1 班 1 小班 3 小组创作并表演了情景剧《"井底之蛙"新编》，得到小班指导教师李建中老师的高度评价，既有精湛的表演，又具精妙的台词。

然而，作为这个小班的助教，我却想把这出情景剧背后更丰富的故事讲给你听。《"井底之蛙"新编》是一个完成的艺术品，该剧的诞生是本学期通识教育的一件盛事，在它的背后，是老师、学生、助教三方共同倾注的热情。正如李建中教授在《中国科学报》上撰文指出的："武汉大学的通识教育在通识文化、通识课堂和通识管理三个层面立体推进，从而使本科学生、研究生助教和授课老师三方受益"。正是"三生万物"的通识教育过程生成了一出优秀的情景剧，兼三方之智慧与勤勉，通古今中西之义于剧中，行兼通之道正是武大通识教育的不二法门。

一、老师：夫子循循然善诱之

作为人文社科经典导引课程的一名助教，我对课程的设计者和引导者李建中老师，十分感激。梅贻琦《大学一解》指出："故古之善教人者，《论语》谓之善诱，《学记》谓之善喻。孟子有云：'君子深造之以道，欲其自得之也；自得之，则居之安；居之安，则资之深；资之深，则取之左右逢其源。故君子欲其自得之也。'此善诱或善喻之效也。"我之所以能够有一些"自得之"的助教心得，根本上还要感恩老师给予我的机会。

作为大班助教，李老师给我机会主持大班的开幕。开学第一课，我怀着忐忑的心情，站在讲台上给学生们念了一封"写给小萌新们的公开信"，面对近 100 名学生我是紧张的，不知道他们是否乐意听、能否用心听。但是当我讲完最后一句话，话筒的声音落下，掌声一波一波涌来，那一瞬间我觉得有什么温暖的东西撞击着我，在我的心房中不断穿梭，直至流遍全身。

作为小班助教，李老师给我机会主持小班研讨。每次研讨课之前我都需要准备一个和课程内容相关的话题作为小引和导入。最开始的我会紧张，但是一抬头，下面就是 25 张稚嫩又认真的脸，他们于我而言，既是安慰，也是督促，让我在学期初暗自下定决心：下次的课堂导入要讲得好一些，再好一些。一学期结束，我在课堂心态、语言表达和知识水平上均有了很大的提升。

而这次情景剧之诞生根本上是因为"《庄子》与天性"这一讲的小班研讨，李老师要求以艺术呈现的方式展开。全班 4 个小组都创作了自己的剧目，第 3 小组脱颖而出，获颁"优胜小组奖"，正是老师的课堂设计诱发了同学们的创作热情；而引导胜在不知不觉、润物无声，就更是老师的高明之处。

二、学生：学然后知不足，教然后知困

通识教育的第二个元素，本科学生，他们同样是值得我感恩的人。

与他们同行，我收获颇丰。他们一直给予我鼓励，正如前文谈到的，是学生们认真的态度和心底的尊重共同汇成了一股力量，让我勇敢地站在讲台上，为他们主持大班授课的开幕和小班研讨的导入。他们时常带给我启发，在小班研讨课堂中，无论是艺术呈现时的精彩表演，还是学术辩论时的逻辑论点，抑或 PPT 展示中的新颖观点，都不止一次让我惊叹于武大本科生们的思辨力与创造力。他们不断带动我学业，文学院的他们真心喜欢中文、热爱读书，在与他们的日常交流中就足见他们丰富的知识储备。于是，我也在学期初偷偷立下了 flag——和他们一起读书，一起成长。一路走来，每每面对他们问我的问题，我都会第一时间搜求资料、请教同侪，我与他们是共同成长的。

而情景剧的诞生更得益于学生们的创造力。第 3 小组编撰的《"井底之蛙"新编》是

一个比《庄子》原文更"庄子"的故事。在课堂表演结束后，我提议她们可以再演一遍，我将她们的表演录制成视频用以宣传通识教育，她们欣然答应。宣传视频的录制持续了整整两个晚上，每一次都是录到教五熄灯、关门；孩子们在表演上精益求精，对自己的要求都很高，情景剧的每一幕都录了至少 3 遍。文章开头的那一幕，正是录制过程中真实发生的。我感叹于她们的心灵在熟悉文本的基础上自在飞翔，挥洒出如此精妙的篇章，又给出这样的演绎，我也不由得陪伴她们、融入她们，把我自己的心对她们敞开。

《礼记·学记》："是故学然后知不足，教然后知困。知不足然后能自反也，知困然后能自强也。故曰教学相长也。"这正是我作为助教的心理写照。

三、助教：各美其美，美人之美，美美与共，天下大同

要让师生之间"美美与共"，助教起着调燮的作用，是师生二元因素之外的"三"。我想，我也应当感恩自己。不仅是因为我做好了分内的事务性工作，还因为我希望和学生们以心换心：我会记住小班 25 名学生的名字，尽自己最大的可能鼓励和温暖他们；我会耐心回答大班学生的问题，解答他们学习、生活和情感上的困惑，帮助他们尽快地适应大学生活；我会在学生低血糖找到我的时候，为她先买一杯热饮快速升糖。一开始他们叫我助教，后来称我老师，最后是唤我姐姐，而我最喜欢的自然是最后的这个称谓。

这出情景剧之所以能走出课堂，呈现在公众号上供上千人次观看，其中确有我努力的成果，我感恩自己的坚持。在每一个视频录制结束的夜晚，我都挂着相机、扛着三脚架、背着书包，从文理学部教五楼向信息学部的宿舍一步步走。因为心中充盈的是和她们一起达成目标的幸福感和获得感，被她们的热情所温暖，我能够抵抗对黑夜的恐惧，以及负重的疲惫感。后来，我又用时两个夜晚通宵剪辑视频，在视频的结尾，我将为她们拍的照片和寄语一并剪入视频，在剪辑完成、按下播放键的那一刻，我看着窗外逐渐升起的阳光，在屏幕上打下了对她们殷切的期盼，"成长快乐，青春必胜"。

本学期的最后一课，我送给他们每人一枚定制的黄铜书签，书是读不完的，人生的路也很长，于是我在书签上刻下"沉潜往复，从容含玩"，既是给他们的寄语，也是我读书的信条。我希望，通识教育的效果并不是一时的，而是一次伸向远方的未完旅途。

写到这里，故事差不多讲完了，或许您愿意再度回顾这个剧本：https://mp. weixin. qq. com/s/e87xPNDWm7rnt1-wQ2fyHw。我想说的是，这个剧本的言辞，诗性与理性相济，叙说与抒情共发，它摆脱了固定的理论话语框架而优游于现代和古代、继承与"误读"之间。作为一名助教，我深切感受到了通识教育的不同寻常，它是心灵与心灵的

直接对话，它是人格对人格的无声陶冶，在剧本中女主角飞向了自由的园地，在现实中，通识教育的"三"终将培育出许许多多个"大人"，是站立的、自为的人，而我，有幸目睹这一切，既参与，又受益。

破成见　求"通"识

——记 2021 秋季学期人文社科经典导引电信二班 1 小班研讨活动

吴煌琨　文学院 2020 级硕士研究生

这学期我协助高文强老师，在人文社科经典导引电信二班担任助教组长，同时也是第 1 小班的助教。本学期之初，我认为小班研讨面临着两方面的困难：第一个困难是电信专业同学们的知识储备和学术素养问题：研讨所涉及的不少经典，如《坛经》《文心雕龙》《审美教育书简》等，对理工科学生而言是冷僻的，阅读难度很大；同学们又刚刚升入大学，未必有充分的思维能力和批判精神，能够在会议中独立思考、平和讨论。第二个困难是题目设计的兼容度与可谈性问题：既要在一场研讨内为庞杂的经典寻找可以集中讨论的"共名"，又不能让这个"共名"过于抽象和狭隘，而是能让大家能有自主思考、结合生活和学习经验的讨论空间。但本学期的工作结果远远超出了我的想象，同学们克服了以上两方面的困难，在短短一学期内迅速成长起来，大胆地破除成见，从应试思维走向了问题思维，逐渐找到了发现问题和探索问题的方法，向着我们"何以成人"的目标迈出了坚实的步伐。

由于国庆假期冲掉了课，我们这学期只有六次小班研讨，于是高老师决定合并八部经典中的《审美教育书简》和《红楼梦》，以及《历史》和《斐多篇》。开始的两次小班研讨采用读书会式，分别围绕《论语》和《庄子》展开，主题不限。第 3、4 次研讨则采用 PPT 展示式，主题分别是以《坛经》为据谈"我命由我不由天"，和以《文心雕龙》为据谈"文心和雕龙的关系"。在前两次小班研讨中，我主要鼓励大家摒弃高中做题、写作文时讲究"答题套话"、追求"面面俱到"的惯性，在自由的讨论氛围中选取一个自己感兴趣的经典文段和主讲话题，并尽量和自己之前的学习生活经历、和自己来到大学的新感受结合，做到真实、多样、有针对性。而在第 3、4 次研讨中，我则鼓励同学们在 PPT 展示结束后大胆地提问和对答，学会聆听对方的观点而非自说自话，坚持礼貌平和的讨论态度。同学们的研讨渐入佳境，在第 4 次研讨中，同学们深入许多本质性问题的探讨：理论和经典有何关系？理论和实践如何交互作用？文心和雕龙究竟哪个在前？同学们可喜的进步，也坚定了我办好小班研讨的决心；后面的《审美教育书简》《红楼梦》，以及《历史》《斐多篇》，我和高老师决定采用学术研讨的形式进行讨论。

在高老师的建议下，第 5 次小班研讨中，我选择了以"美的可能性与限度"作为《审美教育书简》和《红楼梦》学术会议的话题：《审美教育书简》中，席勒主张美和艺术让人成为完全的人，进而净化社会；而《红楼梦》中，贾宝玉怀着纯粹美的理想，却无法挽回大观园这一美之集中体现的坍塌。《审美教育书简》紧密围绕着"美"的性质、分类和意义展开论述，而《红楼梦》则实际上展示了一部美的消亡史，经过对这两部经典的学习，我们会自然地追问：美的可能性可以如何延展？美能对个人发展、社会生活起到什么样的作用？美的限度又在哪里？美注定无法解决什么问题？在会议开始前，我向同学们介绍了一些近现代以来关于"美的可能性"的背景知识：近代教育家蔡元培有"以美育代宗教"论，20 世纪 50 年代初学术界有"美学问题大讨论"，80 年代更是产生了盛极一时的"美学热"，李泽厚等美学家红极一时；近年来，教育部门也强化了美育的地位，部分地区还计划把音乐、美术纳入中考。经过各抒己见、群策群力的小组讨论后，各小组的代表轮流发表观点："美来源于对现实的简化""美是战胜内心虚无的精神信仰""美是雅俗共赏"，大家都做到了立论清晰，问题意识明确。

而在自由讨论环节，课堂的问答气氛逐渐热烈，争论更加深入，同学们从加班现象与美育缺失，20 世纪 80 年代"美学热"与当代"美学冷"，音乐、美术进入中考对美育的作用等具体的社会问题，逐渐进入了美的本质、美育的意义、美与物质和科技的关系等抽象思辨的论域。有的同学提出犀利的反诘：美如果是对现实的简化，那为什么雕刻过的石雕，比未经雕刻的大理石更美呢？有的同学察觉出概念的矛盾之处：呼唤"审美是救治社会的良方"，和"现代社会的审美功利化"，这两个命题是不是存在矛盾？救治社会不也是一种功利吗？大家不仅对各小组代表的问题提出了有力的质疑，还在发言中提出了自己对"美"的独到见解，如"美也可以在一定程度上创造物质""美的可能性与限度取决于人的想象力"。直到下课铃响，大家仍意犹未尽。

第 6 次小班研讨，我则选择了"人的必死与不死"作为《历史》和《斐多篇》学术会议的主题。《斐多篇》以"苏格拉底之死"为情境，讨论人的灵魂永恒问题；而《历史》把当时的古希腊的历史环境，以及历史中的人物们记录成文字，让他们的生命得以在史书中永远鲜活。选择这一主题，是想让大家思考：人将如何面对死亡？人是否能在时间中永恒？人在必死的生命中，可以以什么形式、什么途径获得不死的永恒？时间临近期末，为了让大家放松，这次的研讨比起之前更加轻松和自由，我没有引导大家对某一问题针锋相对地辩论，而是尽量让大家畅所欲言。我问了同学们一个问题来导入讨论的情境：假如 24 小时后你就要死了，你会去做什么？就着这个问题，同学们"大开脑洞"，有的同学说会"做自己任何想做的事"，有的同学只想"到湖边安静地坐下"，还有同学想抓紧时间把自己送去医院，研究自己如何能预知死亡。然而"开脑洞"不意味着天马行空，同学们已经形成了较强的反思批判意识，比如就有人问："如果临死前要做任何想做的事，那你是否会杀人放火？"于是我们的讨论逐渐从人个体生命的存在与死亡，过渡到"永恒""不朽"的定义和表现，有的同学说"在绝对意义的时间面前，人类不可能不朽"，这一新奇的观点又引发了更加热烈的探讨……最终，为1小班这学期的小班研讨画上了一个圆满的句号。

高老师在第一节大班课上，为同学们讲述了自己对"通识"的理解："通识"可以被理解为"通向知识"，同学们之前的应试学习和现在的专业学习更重视"知识"，而通识课则是要教大家"通向"的方法——高老师借用《坛经》和佛家智慧，将这种方法概括为"破成见"，即不断破除固化的、被灌输的认知模式，从自己的感受出发独立思考。在六次小班研讨中，1小班的同学们也逐渐成长起来：从被动地接受课本、书本和老师的教导，复述既有的话语，到主动思辨、主动探索，并学会演说、论辩和交流，最终写出了有自己真知灼见的课程论文。也许过了年，同学们就会忘记具体的经典知识，但在课程中思维方式与思想素养的提升，却能够长伴他们的大学生活，乃至在一生中助他们"成人"。

图 2-1　2021 级口腔医学院第 4 小班第 2 组情景剧《强盗》（第四幕）

学知不足教知困：我的二十六人行学记

李轶男　中国传统文化研究中心 2020 级博士研究生

2021 年秋季，我担任了计算机学院人文社科经典导引课程的小班助教。这是我第二次担任助教，第一次是在 2021 年春担任文学院中国古代器物文化课程助教。与春季时相比，秋季的这一次助教经历是一次明显的"level up"，其中的困难和挑战更多，为我带来的成长与收获也更多。

在课程正式开始之前，对于能不能带好一个 25 人的小班，我心里是在打鼓的。计算机学院人文社科经典导引共有 150 余名学生，分为六个小班进行研讨。为了便于同学们找到自己所在的小班，每一名助教都在大群发了自己小班的加群二维码，但直到第三天下午，六个小班的小群无一做到全员到齐。最终助教们 QQ、微信双线"捞人"，电话短信接连轰炸，才赶在开课前认领回本班的迷路同学。这形成了我对同学们的"三不"初印象：不上心，不积极，不配合。

第一节小班研讨课围绕《论语》展开，25 位同学按 5 人一组分为五个小组，分别需要辨析孔子所说的"仁"与当今社会的道德标准有何异同、论述"己之所欲"是否应"施于人"、解释樊迟问仁中孔子回答的"智者知人"。

在上课前我设想了一些可能会遇到的问题，比如小组内部分工不均、交流探讨的氛围不佳等，但没想到在"内涵"之前，先卡在了"外力"这一部分——展示 PPT 整体不过关。俗话说"工欲善其事，必先利其器"，课堂研讨中，PPT 就是那个用来展示观点、辅助表达的"器"。合格的 PPT 应该做到主题清晰、逻辑流畅、内容简洁、图表生动，让观众直观地了解到自己想表达的观点。但实际上同学们制作的 PPT，要么过于简单，同组内几位同学使用的字体都未统一，环肥燕瘦斗艳争芳；要么套用模板，过场动画冗杂，大段堆积文字，废话连篇、三纸无驴。甚至有同学在使用大段文字素材时直接一键 copy 网站原文，全角与半角齐飞，错字共别字一色。因此在第一次研讨课的末尾，我不得不先化身"颜狗"，向同学们强调 PPT 美观的重要性。

另外，此时的小组内部也存在相敬如"冰"的问题。同一组在一个论题中貌合神离，所谓的组内分工讨论只停留在"你做资料收集""我做PPT""他上台发言"这种一刀切的形式上，没有真正做到1+1+1+1+1>5。有人说，大学最累的活就是小组作业：组员之间实力不均，有人划水，有人摸鱼，每次作业周期短任务重……如何让同学们更好地进入"团队协作交流研讨"模式，成为我这一时期思考的主要问题。

我认为通识课要教给同学们的不仅是一种知识，更是一种能力，一种面对文献如何阅读、把握、交流、内化的能力。同学们从高中升入大学，会经历一个明显的适应阶段：从集体应试变为单兵作战，从题海遨游到书山漫步……大学的教育不以考试为唯一目标，圈范围、划重点的学习方式不再适用，同学们需要在更加广阔的视野中搜寻知识。小班研讨课正是给了同学们一个实战的机会，练习如何从大班课教学的一本经典作品中找到突破口，提炼观点，并用有吸引力的方式表达出来。

从第三次小班研讨课开始，我发现了同学们比较明显的改变和进步。每个小组都做到了组内逻辑流畅、风格统一，虽然可能持不同的观点，但是论述有力、各有锋芒，不再是一盘散沙。大部分同学能完全脱稿，发言不再像念论文，与台下观众有眼神的交流；论述自己观点的过程中，也能结合文献、结合时事，古今中外皆为我所用。另外，一些同学开始尝试在PPT中加入手绘示意图、树状图等元素，令我非常惊喜。这不仅仅是"文转图"这样简单的变化，更体现出了同学们开始有意识地将知识内化后以更加简洁、更加高效的形式展现出来，是从"复述所学"到"输出所想"的蜕变。

最后一堂小班研讨课，我没有再为同学们设立论题，而是要求他们自己拟定一个有话可说、有立场可辩的论题。这一想法源于文学院的鲁小俊老师——2017级人文科学试验班的中国古代文学期末考试中，鲁老师要求学生们现场自己出试卷自己答，难度还不能低。这种变被动为主动的出题法，其实考校的正是同学们对知识的整体把握能力。"拟论题"看似简单，其实需要同学们思考的方面有很多：是否言之成理？是否有探讨的价值？是否可以结合经典文本论述？是否仅限于当时的历史背景和时代环境？是否对当今社会有指导意义？……这一番审慎的思考，不亚于经过了一次自我论辩。最终同学们拟出的论题，也表现出了这一学期人文通识课为他们带来的改变：选题的视野开阔了，立论的角度多元了，表达的层次明晰了，等等。可以说，他们完成了由"学"到"思"再到"辨"的转化。这时候，我形成了对同学们的"三有"终印象：有想法，有能力，有作为。

以学生之外的另一种身份参与进课堂，这种"教学相长"的体验于我而言是十分珍贵的。《礼记·学记》有言："学然后知不足，教然后知困。知不足，然后能自反也；知困，然后能自强也。"学的人通过学习知道自己不足，教的人通过教别人知道自己还有难点，然后都再去进一步钻研，这样无论是学的人还是教的人都能通过教学过程得到提高。助教工作正是为我提供了这样的机会。我也把这样的"教、学转换"思路融进了组织小班研讨的过程当中，让同学们也尝试着"化讲为教"，不仅要输出自己的观点，还要尝试打动其他同学，引起观众的思考，真正做到相互交流、相互学习、有思有辩。

"三人行必有我师焉"，这一次二十六个人的学术同行，我也从同学们身上学到了很多。数年的科研训练下，我的思维难免被"论文模式"所困，变得模式化、套路化，而在与同学们的交流探讨中，思维"切磋"碰撞出的火花令我捕捉到了许多新的灵感。独学而无友，则孤陋而寡闻。一学期的课程令我和同学们成为了"学友"，课上我们有不同观点的交流，课下我们有奇思妙想的碰撞，同学们对我的称呼也从"李老师"变成了"学姐""助教姐姐"。相信经过一学期的共同努力，我们都收获了一个比从前更好的自己，可以昂首挺胸地迈步走向下一个学习阶段，迎接新的挑战。

长　河

刘运豪　印刷与包装系 2020 级硕士研究生

"人类上下 5000 年文明，不朽的只有繁星、丰碑与长河。"文之在书本上偶然看到这句话，撇了撇嘴，觉得啥也不是，好像说了什么又好像什么都没说。合上书本，文之的思绪变得涣散，怎么也聚拢不起来，便索性放空了去，东一榔头西一棒槌地胡思乱想着，想着中午吃什么，想着兜里的钱还剩下多少，就想到了自己二十三年人生中的第一桶金，文之感叹着那可真是一段喜悦的经历啊。

文之是一名研究生，凭借自己的工作拿到的第一笔钱就是学校的助教工作。回望这一年的助教经历，文之也是感慨良多。第一次去大班课堂的时候，便被老师误认为是没带课本的学生，质问道：你的课本呢？现在想来文之觉得还真有些初高中时忘了带作业的慌张。除此之外，也有趴在桌上整理小班研讨报告的认真和期末的时候各种事情争相涌来备感分身乏术的苦恼。其实文之最先想到的还是很庆幸能作为一名助教出现在那些刚步入大学校园的后辈们的课堂上，坐在他们之中，文之觉得自己除了稍显老些也并没有多么违和，若是没有老师介绍，可能大家还会觉得自己也是如他们一般十八九岁的少年，即将迎来人生中最宝贵的大学青春。

文之的朋友对文之两学期的助教工作都选择人文社科有些迷惑，你说你一个工科生，最大的文学素养就是平时看看武侠小说，老掺和人文社科的课程干什么，自然科学的课程多少还能算半个本家。文之懒得解释，心里其实自有计较，要说是因为对人文社科的知识有多大的兴趣，也不尽然。作为一名工科生，文之还是对自然科学要更感兴趣些，像是对相对论、量子力学、弦理论等方面的知识，本能地就有一种崇敬之心，那是渺小人类探索茫然宇宙的智慧结晶，想想都让人心驰神往。弦理论目前还只是一个猜想，但相对论和量子力学作为现代物理学的两大支柱，其本身便直接影响了人类社会的发展进程，在文之看来就如两座令人瞩目的丰碑屹立在 5000 年人类文明的道路上，将人类的征程推向星辰大海。自然科学就是这么具象、这么直接地反映在文之的心中，但对文之而言，与自然科学相互补的人文社科就显得朦胧，在它和文之之间像是隔了一层薄纱，在那后面似乎隐藏着一个庞然大物，却看不真切。文之对此感到好奇，他只能思索其形貌，臆测其轮廓，却不能形容得清。究竟是什么让人文社科走到与自然科学相提并论的高度，人文社科到底在人类 5000 年的文明中扮演着一个怎样的角色，文之像一个懵懂稚童，带着这些疑问走进了人文社科经典导引的课堂。文之觉得自己不仅仅是一位辅助老师的助教，更是一名寻找答案的学生。

文之寻找答案的过程并不顺遂，刚通过助教申请就遇上一个难题：要给同学们写一封来自助教的信。像这种展示文学素养的绝佳机会，文之一贯是犯怵的，心里寻思着写出来的东西不像是出自一名人文社科助教之手可如何是好，怕是要被同学们看了后笑话了去。短短不到七百字的信件，文之只觉得用尽了自己多年以来辛苦积累起来的些许才情，修修改改费了好一番功夫才完成了终稿，最后文之把笔丢下瘫坐在椅子上，想着就这样了吧，我已经黔驴技穷了。不过文之又决定"拜读"自己的才尽之作，一边读一边回顾自己的过往种种，文之看着"我深知你们风华正茂，眼里含着星辰，胸中燃着熊熊的火；你们愤世嫉俗，心中光明得容不下任何社会的阴暗，这很好。但我希望你们所代表的是自己的思考，不要人云亦云，希望你们保持逆流而上的一腔孤勇，也有让子弹飞一会儿的宁静致远。"想起自己曾经也是一个愤青，总是大义凛然，总是认为自己是站在正义的一方，总是相信自己眼中所看到的，那时候可能在不经意的某些瞬间伤害过一些善良的人吧。文之并不后悔自己曾经说过的话，文之只觉得自己现在写下的话很好，是翻阅过去的自己想对现在的自己说的话，也是想要寄语给年轻后辈们的话。就在这样的思考中，文之觉得好像对人文社科这个庞然大物有了一些只可意会不可言传的理解，现在想来大概是在某种程度上契合了《国富论》《正义论》和《论法的精神》这三部经典所对应的"理性""正义"和"自由"。稍微有些遗憾的是文之不清楚同学们是否都有看过这一封江郎才尽的信件，会有怎样的评价，又是否会在某些时刻迸发出一些感悟。

在经过了一学期的助教工作后，文之仍觉得没找着答案，大抵是因为业务不熟练，没能充分参与到课堂之中，还有就是每次大班课都坐在距离老师偏远的后排，近视眼也看不清楚老师的 PPT 里都写了什么内容。吃一堑，长一智，总结了经验教训之后，文之再一次申请了第二学期的人文社科助教工作，决心这次定要看看那薄纱后面藏的是什么真面目。说来也巧，由于有了一学期的助教经验，第二学期申请通过后文之被分配到了大班助教。文之心想这正合适，这样就能有更多的机会参与到大班授课环节中，上课的时候也就有了正当理由往第一排一坐，去近距离观察老师口中的人文社科。坐在第一排之后，文之觉得每次上课前总有一种期待的欣喜与新鲜感，八部经典从西学到中学，从《斐多》到《红楼梦》，从"灵魂不朽"到"爱恨"，在主讲老师深入浅出的讲解中勾勒出风格迥异的支流，最终汇入人文社科这个庞然大物。文之仿佛是回到了刚进入大学的时光，与课堂上的每一位同学一样，在大学课堂的教授中，在经典文本的感悟中逐步形成自己自由的、理性的人生观与价值观。文之终于找到了答案，人文社科滋养灌溉了人类五千年的文明，如果说自然科学是人类对宇宙的研究，那么人文社科就是人类对自身的探索，自然科学是一座座丰碑，那么人文社科就是一条长河，其蕴含着人之所以为人的精华，不断地冲洗着人类内心的角落，为一个美好的、和谐的、繁荣的人类社会涤去尘埃…

文之仿佛看到奔腾不息的滚滚长河边上杨柳依依、草长莺飞，正值少年的同学们肩头挑着清风明月，在钟灵毓秀的珞珈山上，有着明媚的诗和远方。

记一次小班研讨课

王慧杰　物理科学与技术学院 2020 级博士研究生

前言：

　　作为一枚理工科女博士，第一年担任的是人文导引助教，后来才发现此举颇有些冲动，因为课上讨论的亚当·斯密等名词很少听过，在这方面的知识储备被吊打，所幸经过一学期的熏陶后长进不少，第二年理智地选择了自然导引，带的是社会学系和马克思学院的班级，大班教师是林毅老师。小班研讨课的讨论和发言是我最喜欢的环节，其中有一节课给我留下了深刻印象，遂记录如下。

"五一"开学后，教室里的大家显然还没有从假期中恢复过来，看着后台的测验分数，我心想，这次的讨论大家可能要灌水了，有点意外的是，这节课反而印象最深刻，有些同学的发言非常喜欢，很惊喜。

这节课是第六讲小班讨论，讨论的文本是惊人的假说，其中有两道题目非常有趣：

　　假设已制造出植入即可以拥有全部知识库的芯片（免费，但一旦植入再也无法取出）。你会选择植入芯片吗？

　　假设已发展出实现永生的技术（免费，但一旦选择再也无法反悔）。你会选择永生吗？

在讨论开始前，我在心里默默想了一下，如果是我，那我或许会考虑一下植入芯片，作为科研狗，如果能一下子掌握所有的概念名词，实验原理，公式推导，物理模型，那岂不是爽歪歪，仿真计算再也不难了，实验再也不愁没思路不会做了，看不懂的论文再也没有了，什么组会报告，和导师交流再也不怕了，放眼望去这世界上还没有我不懂的问题，那我岂不是要发 nsc，走上人生巅峰了，简简单单的一个植入芯片操作，能让人坐拥知识的宝库，想想就美滋滋啊。永生的话还是算了，听起来就很孤独，这一辈子够长了，就像西游记里的玉皇大帝，住在天宫，可以永生，又会法力，但是生活也不是那么让人羡慕，就活这一辈子吧，有些遗憾也挺好。

简单的讨论后，进入发言环节，在关于是否要植入芯片这个问题上，我们班的王安彤提出了这样的观点，她在黑板上画了一个模型，大致如下：

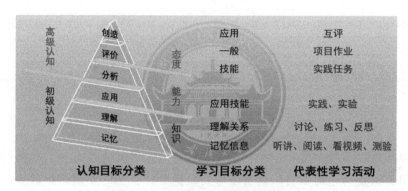

图 2-2　王安彤同学所展示的模型

在这个模型中，认知目标被分为六类，从底端的记忆，到最上面的创造，她解释说如果植入芯片，确实会在记忆这块给我们很大帮助，我们可以轻松掌握很多知识，但是再往上走呢？应用？创造？这些只靠一个知识芯片是不够的，在获取知识的初期，芯片帮助我们走了捷径，在后期的创造，依然要靠我们主动去思考，不然只会是一个储备知识而不会应用的"机器"而已。况且，得到那么多知识有什么用呢，对世界的探索欲，好奇心难道不比一个充满知识的头脑更可贵吗？在探索知识的过程中，当我们攻克了一个难关，解决了一个难题，学到了一个新东西，那种喜悦感和满足感是无法取代的。单纯地植入芯片让人们很难再体验到求知的乐趣，也很可能丢失了一段宝贵的经历和精神财富。

第二个问题，是否选择永生，前提是无法反悔。在这个问题上大家的有些观点是我没有想到的，听完有了很大启发。比如他们提出质疑，如果大家选择了永生，那么会不会带来社会的伦理问题，人类不再需要繁衍以维系种族的存在，那么下一代还需要存在吗？社会还能流动起来吗？当每个人都能轻易永生，时间就不再宝贵，一寸光阴不再是一寸金，而成了用之不竭可以挥霍的资源，那这会不会导致大家没有了时间的概念？工作也不再有截止日期，反正今天完不成，还有明天，明天不成还有后天，再也没有了 DDL 的概念。社会的资源可能会面临枯竭，法律上对犯罪分子的一些约束手段也会失效，例如有人杀人放火后，死刑变得无法处理。（当然这个地方有同学也提出了疑问，既然都永生了为什么大家还要杀人放火，以及永生和杀人放火是否矛盾）

图 2-3　开放式讨论环节，同学们各抒己见

图 2-4　开放式讨论环节，同学们各抒己见

还有同学从质疑永生的角度提出问题，永生的机理是什么，是身体的永生还是精神的永生？如果是从身体角度考虑，细胞永远保持活力，一直有新陈代谢，一直有生命力，那么有外力作用的情况下人还会死吗？还有的从不同的政治制度下考虑，对于不同的国家，资本主义社会和共产主义社会这两种不同的情况下永生带来的结果是不一样的，对于已经完全实现共产主义的国家来说，社会生产力高度发展，物质财富极大丰富，达到可以满足整个社会及其成员需要的程度。社会成员共同占有生产资料，生产资料和劳动产品归全社会公共所有，彻底消灭了阶级差别和重大社会差别，那么这种情况下永生不会带来阶级导致的利益纠葛，不会带来社会动乱。但是对于资产主义国家，生产资料的资本私人所有和剥削雇佣劳动关系会因为永生而持续下去，贫富差距会进一步拉大，阶级更加固化，资源分配更加不平衡，因此随着永生可能会加剧社会的不稳定和阶级矛盾，永生也可能会作为一种手段被垄断，成为富人用来享受资产阶级利益或者统治国家的工具。

听完大家的发言之后，不禁感慨本科生真的很厉害，思维发散且活跃，有理有据有逻辑，有些观点有深度，有思考。这节课除了上述两个问题外，我们还探讨了"意识是否能够被设计和制造出来""人类应该允许 AI 具有自我意识吗"等问题，课上大家发言风格各异，但是都坦诚而真实，每次在小班研讨课总能学到一些新的东西，有些想法会扩宽我的思考，有些概念是之前没听过的，作为课堂上的旁观者和参与者，不仅会看到小组讨论中擦出的思想火花，还会看到同学们在课堂上的转变和进步，这是一个非常有趣且让人难忘的过程。作为助教，我们和学生一样，共同在课堂上成长。

小班研讨：庄子与"天人合一"

王 艺 文学院 2020 级硕士研究生

研讨主题：庄子的"天人合一"是一种什么境界？"天""人"分别代表什么？现代人还能否达到该境界？

1. 名词释义

首先，综合小组成员研讨结果，三组成员对何为"天人合一"，何为"天"，何为"人"做了具体阐述。

开宗明义，张镒丞指出，庄子的"天人合一"就是去掉世俗中的"我"，回归本真的"我"，以求契合天道，达到"天地与我并生，万物与我为一"的理想境界。理解"天人合一"，可以庄子的逍遥与齐物思想为切入口。生逢乱世的庄子生活穷困潦倒，却"宁游戏污渎之中自快，无为有国者所羁，终身不仕"，他渴望如展翅鲲鹏，逍遥遨游于天地万物，保有自己内心的自由。齐物论包含齐物之论、齐同物论、齐物我等多个层面，万物相齐，地位平等，庄子认为，我们应该忘掉美丑、高低、大小、尊卑、贵贱等人们刻意区分出来的成见，认识到"是亦彼也，彼亦是也。彼亦一是非，此亦一是非"，由此，打破自我中心，做到泰然逍遥，不为物累，自然而为，天人合一。

何为"天"？张淑伟指出，"天"即摆脱人为、普世万物的自然规律。《庄子》中"天"有两重意义，一指自然之天，如《庄子·逍遥游》中有"天之苍苍，其正色邪？其远而无所至极耶"，二指事物的自然状态，我们认为，这层含义为庄子所重点强调。《庄子·秋水》有"牛马四足，是谓天"，天，即指天性，这是生来即有，未受人为影响和改变；"天在内，人在外，德在乎天"，天即没有外力强加，内在于事物、事物自身所固有的事物属性。《庄子·知北游》有："天地有大美而不言，四时有明法而不议，万物有成理而不说"，意即万物都有其自然形成的道理却无须用言语表达，此处，"天"与"地"放在一起，即指"自然"。庄子强调天性，重视自然，反对后天人为功力对自然属性的改造和雕琢，行走于天地，应该尊重自然，任宇宙的能量在身体中自然地流淌，不干涉，不将不迎。

何为"人"？卢逸群谈到，"人"褪去伪饰后的最本初的人，追求道德品质与道德修养。庄子指出，人身为万物中一员，应当顺应自然发展的规律，通过对自然的感发来净化心灵，提高自身境界。"真人"是人中的至极者，"何谓真人？古之真人，不逆寡，不雄成，不谟士"（《庄子·大宗师》），在庄子眼中，真人应不失去常态、常情、常理，不用心智损害大道，回到本然，保持自然本真，用自己的内心关照自己的行为，达到真正的独立和自由。《庄子·刻意》篇有"故曰，夫恬淡寂寞，虚无无为，此天地之平，而道德之质也"之语，此处，天地的本源指向了道德之质，人应当追求内心的恬淡、虚空、无为，这是道德之人的气质，也是道德修养的最高境界。

2. "天人合一"与现代社会

图 2-5　吴孟宇同学正在讲解如何达到"天人合一"

针对现代社会中能否达到、如何达到"天人合一"这种理想状态，吴孟宇同学以《庄子》中的名篇为例，给出了自己的阐释。

首先应该去除成心。《齐物论》指出："夫随其成心而师之，谁独且无师乎?"成心便是引发是非争执的原因，人若都顺着自己的偏执己见，并把它当作判断事物的标准，那么这将成为社会的同一衡量准则，导致判断出现误差而对别人造成伤害。现代生活节奏加快，人们大多缺乏面对面深入沟通和交流的时间和机会，网络世界成了社交的重要据点，网络暴力也成为社会常见现象。人们容易被片面观点所影响而对某人某方大加攻讦，实际上各方所见只是一家之言，是非曲直不能仅靠只言片语，"物无非彼，物无非是。自彼则不见，自知则知之"（《齐物论》），立足于事物的对立面难以看清事物的其他面，在没有全面了解事态真相之前，应当去除偏见，冷静自持，通过资料搜集、现象分析，得出理智客观的评价，避免伤人伤己。

其次应当意识到万物相齐，地位平等。《秋水》篇指出，"以道观之，物无贵贱；以物观之，自贵而相贱；以俗观之，贵贱不在己"，以道观物，万物齐一，在庄子看来，世间万物本无高低、尊卑、贵贱之别，《齐物论》也试图通过"道"这一万物本源的角度齐同世间万物，让人意识到物物平等，物我平等，人我平等，这也适用于今日之现实社会。职业偏见是社会的常见现象，实际上，人生来平等，没有高低贵贱等级之差，我们不应自视甚高，对人颐指气使，以平等心态看待世间万物之别。

最后应当努力打破自我中心。庄子《齐物论》中提出了"吾丧我"，即忘掉自我，消解自己对自己的执着，超脱于认知心，走向他者，海纳百川，互通万物。这是一种高妙的哲学境界，也是极高的道德境界。于我们而言，应当做到的便是打破自我中心，保持谦逊平和，包容万象，尊重差异。"90后"成为社会中流砥柱的当代社会，"00后"也已经长大成人，逐渐迈入大学校园。生活的日益向好让我们"00后"享受到了更多来自家人、老师的关心和疼爱，我们也更应该用同理心去关照、体贴他人，走出狭隘的自我中心主义，避免唯我独尊，散发温暖能量，共同营造更美好的社会氛围。

3. 讨论

讨论环节之前，吴孟宇同学为同学们带来了一段精彩的背诵展示，表达了自己对经典作品的喜爱。随后，其他同学对该组同学的展示内容表现出了浓厚的兴趣，对于现代人有无必要追求天人合一境界这个问题展开了热烈的讨论。

孙熠遥："躺平"是否可以视为追求"天人合一"的一种方式？

张淑伟：我们所说的"天人合一"提到了追求一种泰然逍遥，不为物累，自然而为的状态，"躺平"即表现为对事物及行为无波无澜、不做反应的自然、顺从心里。我们认为，适度的"躺平"有助于实现不为物累、泰然逍遥的生活状态，许多年轻人以适度无所作为的方式反对社会潮流的裹挟，选择偶尔停下脚步喘喘气，理理思绪，再重整旗鼓。这种用自己的方式消解外在环境对个体过度规训的方式是可取的。但是，彻底躺平无所作为却冠之以追求逍遥自由的思想境界之名是不可取的，也绝不是我们所提倡的"天人合一"境界。

张兆林："天人合一"这个境界对于现代人来说是否要求过高？

李丹若兰：庄子所提出的"天人合一"境界，要求去掉世俗中的"我"，回归本真的"我"，达到"天地与我并生，万物与我为一"的高妙状态，而生活在世俗中的我们自然难以脱离世俗，即便是庄子本人，也会在文字中影射对现实的不满及难以挣脱其中的愤激。但是，有追求便有前进的方向，即便不能完全达到，但至少能发掘"天人合一"内涵中的"今用"，做到人与自然和谐相处。尤其在"内卷"逐渐成为时代潮流的当代社会，其实更应倾听自己内心的声音。庄子并未要求我们怎么做，他只是发出了一种声音，如何理解这声音中的内容则取决于我们自己。

宋翔：如何理解"天人合一"的"今用"？

黎子扬：正如小组成员所展示，"天人合一"内涵丰富，去除成心，打破自我中心，追求平等，这三者都是今天的我们应该时刻谨记的行动箴言，对于当代社会人们行为的指导大有裨益。除此之外，在我看来，"天人合一"的"今用"还在于它启示我们应当加强自身道德修养，追寻内心的自由，保持自我人格的独立。数据化时代，我们被大量信息裹挟着前进，很容易便失去自己的声音和特色，让我们人云亦云，变成不愿思考的芦苇，让我们逐渐丧失深度探索事物的兴趣，这是很危险的。我们的独特性，应该由自己来保护。

4. 总结

带班助教老师王艺为同学们思考的深入而折服，在总结环节她谈到，4小组所展示的"天人合一"这个主题，既能尊重原典，从《庄子》文本出发理解"天人合一"的内涵，又能结合当下社会热词，阐发经典的现代新意，并提出了行之有效的实践方法。

同学们的讨论已经超出了文学的范畴，进入了更加深邃的哲学领域，或许囿于语言无法畅快淋漓地表达心中所思所想，但正如《论语·雍也》所述："质胜文则野，文胜质则史。文质彬彬，然后君子"，在如今复杂的时代背景下，阅读中外经典于今日的指导意义正在于：学习先贤智慧，加强文化修养，滋养精神世界，成就独立人格。内化于心，方能外化于行。

小班研讨：改编剧本演绎：《斐多篇之灵魂不朽》

王梦潇　文学院 2021 级硕士研究生

　　"如果人纯然是天使，就不会恐惧死亡；如果人纯然是动物，就不懂得恐惧死亡。"人就是介于神与动物之间的灵与肉的结合体。正是因为我们有对死亡有所认知，我们才对死亡有所恐惧；正是因为我们对死亡有所恐惧，我们也才有超越死亡的可能。《斐多》是苏格拉底在死之前与他的门徒关于灵魂的对话，对话发人深省，引人深思。而在人文社科经典导引的小班研讨课上，健康学院 2 小班 2 小组的同学就以此为蓝本，编写了《斐多篇之灵魂不朽》这个剧本，并进行了生动的演绎。

图 2-6　《饮下毒芹的苏格拉底》

小组分工：

剧本改编：殷晓艺、谢雨潼、张媛媛

幕后（背景与音乐的制作）：吴乃博

PPT 制作：刘嘉灵

PPT 讲述：吴乃博

演员：苏格拉底：刘嘉灵

斐多+手下人：张媛媛

阿克刻拉特斯+施药人：殷晓艺

克力同：谢雨潼

剧本：

人物：厄刻克拉特斯

斐多

苏格拉底

对话之人和克力同

手下和施药人

第一幕

厄：斐多啊，苏格拉底在狱中饮药那天，你在他身边吗？

斐：我在啊。

厄：那么，这人临死前说了什么？他如何终了？要是我能听听该多快乐啊。请你尽你所能最为准确地说说吧。

斐：要我说，我那天在旁边感受到奇特的东西。他终了时，他的举止和他的言辞是非常无畏而又高贵的，我完全没有感到一个人在面临大难时那样的悲戚。

第二幕

苏格拉底坐在床上，盘着腿，用手揉搓，一边揉搓一边说："诸位，世人叫作快乐的东西实在出格，快乐总是连着痛苦，仿佛是拴在一个脑袋上的两个东西。当这一个出现在身体上，另一个随之而来。就像我自己这样，腿上来自捆绑的痛感还在，快乐紧接着就来了。"

苏格拉底接着说：让我们说说，我们认为世界上有死亡这回事吗？

对：当然有啊。

苏：我们认为死就是灵魂和肉体的分离；处于死的状态就是肉体离开了灵魂而独自存在，灵魂离开了肉体而独自存在。死，不就是这样的吗？

对：不错，就是这样。

苏：那你是否也会同意我这个，你称某种东西为热，称某种东西为冷吧？

对：我会。

苏：你也会称这些为雪和火？

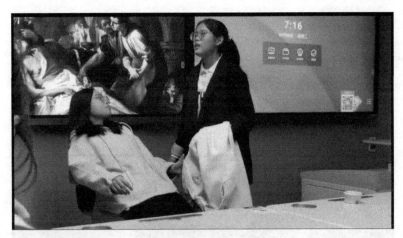

图 2-7　剧照

对：凭宙斯，我可不会。

苏：不要说，热与火相比是另一个东西，冷与雪相比是另一个东西？

对：是的。

苏：可是，我认为，在你看来就是，雪只要是雪就从未曾接纳过热，雪一旦逼近，雪要么退却要么消灭。

对：肯定啊。

苏：又说火吧，一旦冷逼近，火要么退却、要么消灭。

对：你说的对。

苏：那你说，身体上出现什么，身体会活啊？

对：灵魂。

苏：那么，灵魂总是走向那个带来生命的东西，因为灵魂自身就具备那个东西？

对：当然走向那个东西。

苏：可是有什么与活相反吗？或者根本没有？

对：有啊。

苏：什么？

对：死啊。

苏：那么，灵魂岂不就绝不会接纳与自身相反的东西？

对：当然绝不会啊。

苏：死不接纳的东西，我们叫什么？

对：不死。

苏：灵魂岂不就不接纳死？

对：不接纳。

苏：所以，灵魂不死？

对：不死。

苏：那好，我们可以说这个已经得到证明吗？或者你会怎么看？

对：证明得太充分了，苏格拉底。

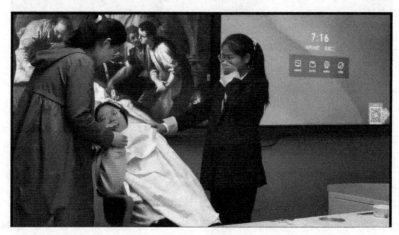

图 2-8 剧照

第三幕 苏格拉底之死

克：你对这儿的其他人还有什么吩咐吗？关于你的孩子或其他，对我还有什么吩咐吗？

苏：没什么啦，为了我，为了我的家人，为了你们自己，为此你们要尽自己最大心力去做任何能做的事情。

克：我们该以什么方式安葬你呢？

苏：你们意愿怎样就怎样吧。

他宁静地一笑，并朝我们扫了一眼，走向沐浴间……

手下：苏格拉底，我执行你的死刑至少不像执行其他人的死刑，你是最高尚、最温厚、最好的人。所以，现在，你知道我来传令什么。

苏格拉底望了他一眼说，"你也走好啊，我们会按你说的做。"然后对克力同说："我们听他劝，让人拿药来。"

克：可是，我……我相信太阳还在山冈上没落下，而且我知道，别人都喝得很晚，别急啊，还有时间。

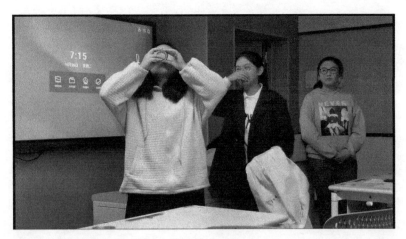

图 2-9 剧照

苏：听劝，别磨蹭。

克力同听后便向施药人点头示意，他端着杯里已经调兑好的东西进来，

苏看见这人就说：好啦，我该做什么？

药：没别的，来回走动着喝，直到你两腿发沉，然后就躺下，药会自行发作。

苏格拉底拿着杯子，非常爽快、瞪大眼睛，斜眼看了看施药人，然后说："这一剂用点儿来作祭洒掉可以吗？"

药：就这么多，我们是按照我们认为该喝多少量调制的。

苏：懂啦。

停顿后

"但愿此行成"，说着，他就把药送到嘴边，从容且津津有味地喝了下去。

围观人眼泪顿出

苏：你们干什么啊，我不就是起码为了这才把妇女送走的吗，免得她们这样弹错音调。人终了时应该肃静。所以，你们安静吧，要坚强！

围观人忍住不哭

对苏格拉底死时动作描写详见书上

苏：克力同，我们欠阿斯克一只公鸡，你们可还记得。

克：会还的，你还有什么别的要说。

此时，苏格拉底已经没了动静。过了一会，他抽动了一下施药人揭开他时，他的视线已定住……

克力同看见，就合上他的嘴和双眼

图 2-10　剧照

第 3 组同学的全体演员对故事与角色的理解都很到位，他们表演出了故事的内核，并添加了自己的特色，使得在场的老师和同学们都被带入他们的情境中去，并纷纷发表了各自的见解。在这场演绎的交锋之中，小班同学们对苏格拉底的《斐多》篇有了更深刻的认识，苏格拉底面对死亡超然无畏的京生，也深深地烙在了每一个同学的脑中。

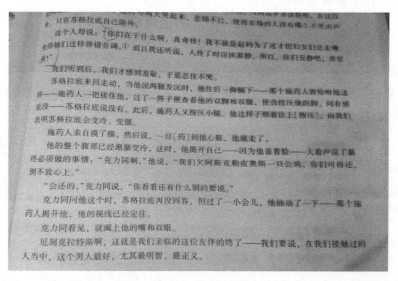

图 2-11　改编选段

纵观历史，无论身处何方，人们总是不自觉地探讨生命。何为生命？何为生命之意义？如何对待生命？然而，在两千多年前的那座城池，曾有这样一个老人，在生命最后之际，从容不迫，一如既往，将其中的奥秘娓娓道来。那是一个以民主闻名的时代，用民主的方式，公投处死那个时代思想巅峰的苏格拉底。民主的权利，超脱出了法律的客观与公正之上，于是，有了苏格拉底之死。

苏格拉底认为，一切事物都有相反的一面，这些东西是且只能从相反的那一面转化而来，每一对相反的事物之间总是互相转化。基于此，他认为，灵魂不死。而且，不死而永在的东西不会接纳毁灭，所以，灵魂也是不灭的。他再次论证，如果事物都只有死的过程，不复存在，那么世界将是一片死寂，显然与现实世界的繁华不相符。

"吾爱吾师，但吾更爱真理"，虽然对于苏格拉底的很多思想很多人都存在怀疑，但《斐多》篇向我们展现的苏格拉底——一代思想文化巨匠，所带给我们的思考，是永远不会停止的。灵魂是否存在？若是存在，是否永生？这些问题至今也没有明确的答案，且为唯物主义和唯心主义争论不休，答案并不重要，重要的它是引发的人们关于人本身和世界万物的思考，也同样，至今仍闪耀着璀璨的光芒。

第三编

江山代有才人出

　　武汉大学的通识教育有着灵活而多样的教学模式，但归根于"一"，则是立德树人的宗旨，坚持"人才培养为本、本科教育是根"。研究生助教与本科学生距离最近，可以及时关注学生的学期情况，同时也对学生们的成长与进步体会最为及时和深刻。助教工作的核心也是"人"，助教们通过课前预习、大班授课、Quiz 测验、小班研讨等各项工作，帮助学生通过十二部经典体悟"如何成人"的总命题，思考人生不同的可能性向度，在自我提升的同时也为大一新生的大学生涯留下了美好的开端。研究生助教们看着在经典影响下逐渐进步的学生们，不禁感叹"江山代有才人出"。

桐花万里丹山路，雏凤清于老凤声

王彬彬　中国传统文化研究中心 2019 级硕士研究生

通识教育系列课程陪伴武大走过了三载时光，其中我很荣幸作为人文通识导引的助教参与了其中四个学期的教学工作与安排。在这即将说声再见的时刻，谨以此文送给因为这门课程而相聚在一起的同学老师以及同事们。

严谨端正有生气——动力与机械学院

动机班是我第一次担任助教也是唯一一次的带班助教。现在还能记起当时战战兢兢地参加培训、学习使用软件、听大课的感觉，直到第一次踏入 5 教四楼的小班研讨课教室，看到眼前的孩子们其实也还未摆脱去稚气，就突然没有那么紧张了。随着一点一点地熟悉，大家也越来越愿意对我敞开心扉，比如作为工科班的同学们，有时对我吐槽《文心雕龙》太难啦，或者专业课作业很多啦之类。我也尽可能去做好细节，让大家看到我的用心，大班老师们的授课我保证全勤，同步吸收课堂知识；小班研讨辩论课上，我会为同学们提前做好辩论牌；最后一节小课时，认真想了好久的结束语，给班上每一位小可爱都送出了自己做的酸奶水果捞。天公不作美，去工学部上课的那个学期很多时候天气都不是很好，八次小班研讨课有好几次都是在下雨，但是想到那些可爱的同学们心中就满是阳光。他们留给我的印象就像是古朴的 5 教楼一样，带着理工科的严谨，又闪着清晨露珠般的亮泽。

屏幕对面的你——电气与自动化学院

2020 年伊始，新冠疫情打破了人们原有的生活节奏。本以为这种情况不会维持多久，

图 3-1　2019 年圣诞节的小课告别，特意用文字云软件加上了全班同学的名字

却因地处疫情中心，学校迟迟没能开学，人文通识课程组也紧锣密鼓地开始了线上教学的安排，力争做到"停课不停教，停课不停学"。一时间，我们都成了那第一批吃螃蟹的人，这不论是对助教、老师，还是同学们都是一个不小的挑战。在这一学期的教学过程中，电气班的中学主讲余婉卉老师真的教会了我很多东西。她认真负责，对于教学方法和安排一直在不断地探索，寻找最适合、最能调动同学积极性的那一种。我们先后尝试过 QQ 文字、QQ 群通话、腾讯会议等多种平台，最终制定了大课以讲授与教学视频相结合、小班研讨以同学们相互展示提问为主的形式。同学们虽然是在家中上课，但也从未放松过对自己的要求，有一次余老师发现凌晨时还有同学在五人的小小群里讨论课程学习内容，第二天就叮嘱大家好好休息，利用好白天的时间，不要过于拼命。虽然不曾谋面，但我想屏幕前的大家一定都是最努力的！这个学期的教学，相信对于身处其间的人都是一个特别的回忆，在那些最难的时刻，我们居家防疫、坚持学习，与武汉、与祖国，一起挺过来了！

弘才远志 毅往无前——弘毅学堂

春逐五更来，转眼夏日至，学校终于迎来了开学，充满着欢声笑语的校园显得格外平凡又格外珍贵。我很幸运地可以和余老师"二搭"，能够坐在实体教室里听博学温柔的余老师讲课。因为仍要注意疫情防控，所以学期之初课程组制定了线上线下相结合的方式，但是学期中因为考虑到实施效果还是换成了全线下。在这里不得不夸夸弘毅学堂的同学们，虽然是大一，但在表达能力、知识储备等方面都非常出色，不愧是武汉大学的"门面

图 3-2　余老师给大家的学期寄语：不论何时何地都要坚持学习

担当"！西学部分的主讲老师苏德超老师是有名的"校红"，他在大班课堂上引经据典信手拈来，语言风趣，课堂上笑声不断。我一直记得苏老师提出的演讲三要素：观点、回答和理由，以及要传达声音和声音所代表的思想，这一点给了我很大的启发。弘毅学堂的博雅教育和书院模式，不仅教会了同学们知识，更教会同学们好好生活与探索的力量。在这些观点的碰撞与思维的交锋之中，我看到了未来的希望。

妙语论天下——新闻与传播学院

春天的樱花树下又迎来了新的游客，今年陪伴我的是樱花大道终点的新传学院的同学们。煌煌武大，雄辩天下，新传学院更是因其辩论风格犀利、言语逻辑缜密而著称，在肖老师的西学辩论课上我也得以一见。在这里，我看到了与众不同的辩论文化，它既重理论也重实践，注意语言的华丽严谨也注意内容的深度广度。还有小班课的情景剧《亚当·斯密、特朗普和我关于全球化的会谈》，大家扮作不同的角色，表演入木三分，令人印象深

周一11-12（18：30-20：05）		章节安排
第5周 10.5	大班授课	《论语》
第6周 10.12	教室讨论	
第7周 10.19	大班授课	《史记》
		线上讨论
第8周 10.26	大班授课	《文心雕龙》
第9周 11.2	教室讨论	
第10周 11.9	大班授课	《红楼梦》
		线上讨论
第11周 11.16	大班授课	《斐多》
第12周 11.23	教室讨论	
第13周 11.30	大班授课	《审美教育书简》
		线上讨论
第14周 12.7	大班授课	《论法的精神》
第15周 12.14	教室讨论	
第16周 12.21	大班授课	《正义论》
第17周 12.28	教室讨论	

图 3-3 这样"复杂"难记的课表，想必再也不会有了吧，我竟见证了历史

图 3-4 每次建小班群时，我一定会使用"热爱人文的"作为前缀，希望可以给同学们心理上的小暗示

刻。中学部分的王怀义老师很难得讲了《坛经》，我也在老师展示的一堆小故事中认识到自己确实没有佛学的"慧根"。新传人勇于尝试，从他们身上就可瞥见武大自由浪漫的一角，愿他们在未来行走的道路上生命不止，求知不息，少年们前进吧！

博雅弘毅，文明以止，成人成才，四通六识。回顾这四个学期的助教工作，我算是小小地见证了一下武大人文通识课程的成长，从最初的软件学习通需要助教大量信息导入到偏向智能化，从题库的多而杂到筛选出的一系列更好的研讨题，从线下到线上，等等，我知道这背后有很多人默默付出了努力。教学相长，面对着这些优秀的同学同事老师们，我也从中学到了很多宝贵的经验，我想，这会成为我一生的财富。

万紫千红总是春

——我在珞珈山当助教

赵雨薇　中国传统文化研究中心 2019 级硕士研究生

2021 年 9 月至 12 月，我有幸担任了马院以及社会学系的人文社科导引课程的大班助教，这也是我第一次担任助教组长一职，申请之初是想要锻炼自己挑战自己，但真到了工作实践之中，我才深知这份工作的不易。从开课前的分班安排，人员调动以及课程核对；到课程进行中陪伴大班学完八部经典，陪伴小班做完八次研讨；再到课程结束时督促同学们提交作业，验收成果，批改论文。一步步地磨合，一点点的成长，我经历了这样一个从生疏到从容的过程。

这其实并不是我一次参与到人文社科导引课程中来，2020 年第一次担任小班助教要去给同学们上小班研讨的前一个晚上，我甚至因为过于紧张而失眠了。初为人"师"，怕自己学识浅薄，怕自己言之无物，怕自己尴尬冷场，最怕的是每一次早八的相见我浪费了他们宝贵的学习时间。但好在想象中的那些困难并非真的那么困难，我看着班级里的大朋友们变得自信、变得敢于表达，心中也收获了一种难以言明的成就感。我喜欢倾听他们不同的声音，欣赏他们为了一个相左的观点勇敢起身辩驳的潇洒，讲台下一张张朝气蓬勃的年轻的脸总让我想起自己刚上大学时那会同样的青涩又明亮的眼神，点点星火闪烁着的都是对未来和明天的希望。青春无限好，好在正青春。

那一学期课程结束后，我收到了班里一位同学发给我的长长的感谢，他说这一学期的人文课程就像一段肆意挥洒、出走人文世界的旅程，让他明白"似乎一个计算机学院的学生也可以拥有自己的一个人文梦，保存着那一点人文情怀。感谢这段缘分来得这么早，让他在大学之初就免去了一些不必要的怅惘和迷茫"。所以我一直坚持，我们的人文课程是有意义的，我的助教工作也是有价值的。哪怕只是给他们提供一个难得的交流与表达的机会，在他们的心里播种下星点人文的火光，掀起片刻他们脑海中的智慧风暴，都会对他们对我自己意义非凡。这也是支撑着我申请大班助教，再次挑战自己的动力。

而大班助教又不同于小班助教，它需要我变得更有耐心也更有韧性，敢于站在台前也可以安稳居于台后。我需要扮演好一个桥梁的角色，在老师和同学们以及各个班级的小班助教之间串联起更高效的沟通，提供更快速的解决，为老师和同学们每一堂精彩的课程做一个鼓掌人。我也愿意走到台前参与其中，和同学们交流我的想法，分享我作为师姐的经验，当一个完美的课堂"第三者"。回顾这一学期的助教经历，我可以很自豪地说：我很充实。电脑中存储着为班级同学展示剪辑的视频，相册里躺着同学们挥斥方遒指点江山的照片，文档里有着两次主持辩论赛的主持稿以及分享文稿，备忘录里记录的是哪一节课哪位同学生了病，哪一位同学又有了精彩的发言，文件夹里有每一次小班研讨我边听边做的笔记。更不用说消息列表里和小班助教们的频繁交流、每次都会回收的小班研讨反馈以及数不清的同学私信，反反复复的解惑、安慰、沟通和解决问题。

在中学课程结束之时，我曾受到老师的赠书一本，私以为这代表着老师对我工作的肯定；在论文提交结束之后，我也收到很多同学对我由衷的感谢和喜爱，在我看来这亦是对我无上的褒奖。在和老师学习的过程中，我得以成熟；在和同学交流的过程中，我始终青春。

犹记得《庄子》的小班研讨上，同学们针对"有用与无用"的话题进行了非常激烈的讨论，话题自然而然地延伸到了我们的人文导引课程上来，有同学坚持人文课程的学习至关重要，也有同学频繁的交流展示颇有微词。在台下认真聆听的我，也思绪良多。有用与无用的思考其实也是我对自己专业的一次接纳和自我期待的一次和解。或许文学自始至终都会是旁人眼里的无用之学，它带不给我当下的变现，带不给我物质满足，但它带给了我生命里非常重要的情感体验和美学享受。在外在生活的种种要求被满足之后，我们总是需要那些无用的东西带给我们一些超越的自由。这是精神上的年年有余，富余的那一点点不是黄金万两，不是玉盘珍馐，是生命那一点超越性的追求，是清风朗月，是山间松鸣，寻常、免费却怡人。人文在我们的生活中就扮演着这样的角色，它让看不见的东西得以被看见、被欣赏、被传承。就像水浒传中的军师吴用，唤作"无用"，却可抵半壁江山。就像我们的人文课程，它让那些故事得以被看见，让有形的东西得以文明，让无形的精神得以千古。于是我们看到阿房宫不再，可是世人永远会吟哦"兴百姓苦，亡百姓苦"，巴黎圣母院不再，可是卡西莫多的钟声始终萦荡在你我耳边。这是一种流于血脉的对于文明与文化的回想，而人文给了我们予以合奏的回音。

武大有句 slogan："永是珞珈一少年。"我本科毕业的时候老师曾经送我们一句类似的话："愿你们出走半生，归来仍在蕲水边"（化用苏轼《浣溪沙·游蕲水清泉寺》"山下兰芽短浸溪，松间沙路净无泥，潇潇暮雨子规啼，谁道人生无再少，门前流水尚能西"），我也把这句话转送给了班里的学生，可能年轻的、朝气的他们当下尚且不能像即将再次从珞珈山毕业的我一样能很好地理解这句话的含义，不过没有关系，我相信他们终有一天也会懂得。

就以周国平先生的一句话作结吧："世上有味之事，包括诗、酒、哲学、爱情，往往无用。吟无用之诗，醉无用之酒，读无用之书，钟无用之情，终于成一无用之人，却因此活得有滋有味。"祝愿大家在珞珈山的四年里，读喜欢的书，看好看的月亮，思此刻最思之人，终于成可以自得之人。

名为"助教"的又一次学习

——人文社科经典导引结课有感

王　饕　经济与管理学院 2020 级硕士研究生

进入武大的第二个年头，也就是研究生生涯的第二年，2021 年整年在武大的时光总是和人文社科经典导引相伴，从 2021 年春担任小班助理助教，到 2021 年秋担任大班助教，时间的变迁带来了责任的加重，也带给我能力的进步，这种能力并不是简历上好看的专业技能或是慧心妙舌娓娓而谈的辩才观人接物的情商，更确切地说，这不是世俗意义上能使人升职加薪或是称得上"有用"的能力，而是一种如何与自己更好地相处的能力，尽管助教是包含"老师"和"学生"的双重身份，但是在担任助教的这个过程中，我更享受的是作为学生这个角色参与到课程当中，人文社科经典导引作为人文教育通识课，短短的课程时长涵盖 12 部古今中外经典著作，想当然地，每一位老师所选择讲解的著作，著作中的重点部分乃至于老师对这些内容的理解都不尽相同，因此，于我而言，重复担任助教并不是做一件重复工作的劳损折磨，而是又一次增长见识的学习，又一次重温经典的快事。

对通识课助教工作的见闻始于一次与在武大扎根五年之久——此时还得再加一年——的同学的交流，毕业于工科院校的典型"硬工"学科，入学之际的我无疑对武大优雅秀丽的风景、博大深厚的人文底蕴充满了向往，除了流连于图书馆沙龙和不同院系的讲座，这位同学还给出了这样一个建议："报名尝试一下当通识课助教？"彼时室友也在担任导师课程的助教，以一种新视角参与到课程的学习无疑是新颖且颇具趣味的，于是我先是赶着时间提交了报名申请，尔后才去细细了解了武大通识教育这一课程。

面向新生的通识教育构想为人文社科的同学首先安排了自然科学经典导引，相对地，理工科的同学则是人文社科经典导引，相比于自然科学课程构想严谨的结构、简明的标题、精而准的课程目的——"理性判断以及理性思维的能力"，人文社科经典导引的课程构想则是蕴涵了人文科学独有的美感。人文科学，其核心自然是人，这是无论东西方横贯古今共同的认知，而这门课程也正是让同学们阅读浓缩着人文精华的 12 部经典著作，以领会前人智慧这样一条书山捷径去切入"如何成人"这样一个命题——"观乎人文，以化成天下"，人文社科的魅力在短短几字的课程目标中便可窥见一隅。坦白说，我是爱阅读的，但更坦白地说，我似乎爱得不够，12 部经典只通读过寥寥几部，尽管名著中的警句恒言都耳熟能详，也在不同场合以不同形式对它们有了进一步的了解，但距离阅读三境界入门"粗读"尚且隔着遥远的距离，晦涩的文言文阅读壁垒可以充当一个不错的理由，更多的是，领会这种名著中的精神比起近现代小说难度高出了不止一个量级，不见波动的学习反馈曲线应该也能引起很多同学的共鸣。

幸而我们有通识课，幸而我们有人文社科经典导引。这学期到期末，我历经大班小班各 16 次的学习，大班课作为学生历经四位老师，在课上多的是耳听生花妙语，俯仰之间无声处听惊雷，小班研讨虽是助教，也收获颇多。读《论语》，能领会到不同老师对于"仁"的阐发——既有"为仁由己"的慎独操守，也有"博学而笃志，切问而近思，仁在其中矣"的慎思笃行，更在小班研讨中亲身体验了一遍弟子问"仁"而孔子释"仁"的仁性；读《文心雕龙》，体会信手举出汇通儒道释三家"求知虚静"的博学，"诗有恒裁，思无定位"的雅正，也从同学们各有千秋百花齐放的展示主题中领悟到些许"观千剑"的妙处；读《斐多》，叹服苏格拉底灵魂不死、知死而重生的生命观，也跟随同学们对于苏格拉底之死的再演绎中以一种全新的角度思考了何为"精神不朽"；读《论法的精神》，探讨千年前古罗马法律实证中政治、法律与自由之间的关系，重温孟德斯鸠探索追问的历程，在研讨课中以辩论为工具以"论"去领会"法"，自然越辩越明。以上种种不一而足，是回望担任课程助教这一段时间最熠熠生辉的回忆，学海无涯，哪怕以老师的助手这种身份处于课堂上也让我胆战心惊，但若是转变身份以学生的身份进行学习，只觉时光飞逝，多是一件美事。

写下这段文字时正值课程尾声，也既是审阅批改同学们的课程论文的时刻。期末时已能将名字与同学完全对应，阅读文章思考之余往往也回想该同学的课程表现、性格态度等，平日里讷于言而敏于行的同学，一般行文比较细腻，整体论文结构与文采兼具，读来颇具美感；相反，课堂上比较活跃性格跳脱的同学，论文也天马行空别具一格，看似文章已"行到水穷处"，尔后抛出观点如羚羊挂角，读到妙处令人忍不住击节赞叹。便是看起来在课堂上不甚活跃的同学，在构思撰写论文时也有些别出心裁的手法，理工科的一些同学可能较于人文科同学稍拙于文笔，但仍能感受到作者志于学并且学有所得，通过举出自己生活中的实证，来证明阅读经典、学习经典的必要性，颇具实证精神的写作方式，是人文和理工科的一次有趣结合，一些生活化的用词用语尽管不太书面规范，但读来妙趣横生，只觉作者确实是一位妙人。这种乐趣还贯穿在整个小班研讨过程中，无论是学术会议、辩论或是情景剧的形式，武大自由包容之风气在小小的展示环节得到了充分的展现，以至于每次不同形式的研讨课，总是期待同学们能给出怎样一份新答卷，作为一名助教，我无疑是享受这种"寓教于乐"的氛围的，而在观看同学们写出的论文之后，我也坚信同学们同样乐于学且有所得。

自 2018 年来对通识课授课模式内容选题等方面的夸奖络绎不绝，笔者在此也不多此一举拾人牙慧，道德和思想教育是终生进修的课题，而有别于专业教育的通识教育无疑是帮助这个阶段的同学们，乃至于担任助教的更高年级的同学，完成自我认同、自我实现的重要一环，回望担任助教的这一年，这门"敢为天下先"的通识课程似乎随着武大一起慢慢变得熟悉，和美丽的樱花、好吃的食堂、浓厚的人文气息一起变成武大印象里的重要一环，变成自由而先锋的一个缩影和写照。

错过了本科而研究生阶段转到武大求学的学子想必是不少的，甚至于本科四年阶段在武大求学，尽管尽情体验了以学生身份的"学术自由之风气"，以"老师"身份学习的体验肯定不尽相同，倘若以后被问到"在武大应该怎么玩？"或是"在武大有哪些事值得一干呢？"，那么我应该会回答"报名尝试一下当通识课助教？"。

齐诸贤之所长，探学海之广博

郭朗晴　外国语言文学学院 2020 级硕士研究生

公元前 7 世纪，一位古希腊的抒情诗人阿尔奇洛克斯有两句诗是这么说的："狐狸知晓许许多多的事情，而刺猬只知道一件最重要的大事。"美国又有那样一位教育学家，他用狐狸和刺猬来比喻大学的通识教育和专业教育的区别。而珞珈山上珞珞、珈珈这两只小狐狸又激发了珞珈山下武大学子丰富的想象——我们在学术上不仅要慢慢地养成刺猬的专精，形成学术的厚重和锋芒，又要如狐狸那样多才多艺，多元视野。

武汉大学为大一的本科生专门开设了通识教育必修课，以培养宽口径、厚基础的博雅人才。在上学期，我担任过小班助教，而在这一学期中，我更是有幸成为人文社科经典导引的大班助教，和大班老师一起带领着初入大学的 78 位外国语言文学学院的同学们共同学习了中外经典，研讨经典。经过这一年，助教工作于我受益良多，不但对经典内容的学习与理解更加丰富饱满，也对个人能力能了全面的提高，在此与大家一同分享我的助教心路历程。

作为助教，我需要协助主讲老师开展课堂的教学任务。虽然早已在各种课堂展示中"身经百战"，做过无数课程汇报，但是在面对大教室里一张张朝气蓬勃的新生面孔，看着同组助教们的认真眼神，我还是不由得紧张和忐忑。课前 PPT 的投影问题、学生们对上课教室的不熟悉、对经典著作的陌生等问题，无不考验着作为助教的我们。除作为普通学生之外，我们助教还身兼多重身份，既是课堂的主持者，也是学生们的学长学姐，在引导和陪伴学生们更好的学习经典著作之外，我们也在为成为一名优秀的助教而努力。在此过程中，我对助教工作的认识和理解也变得更加深入，于我而言，助教不再仅仅是老师和学生们沟通的桥梁，也不仅仅在于协助老师和组织学生，更意味着深入发现每一位学生的特点，因材施教，帮助他们培养独立思考的习惯，引导他们畅所欲言地表达自己的想法。

在大班课中，包向飞老师对古今中外经典著作的讲解通俗易懂，深入浅出，让我收获颇丰。从西方的《斐多》《审美教育书简》《论法的精神》《正义论》到我国的《论语》

《庄子》《文心雕龙》和《坛经》，如若不亲身在课堂上听过课，我很难想象这些中西方晦涩难懂的哲学知识，能在老师口中变得如此浅显易懂，生动有趣，还能把大家熟知的孔子、庄子等大师讲得如此吸引人。其中，有不少经典是我尚未接触过或者虽然阅读过但没有深入思考和探究的内容，我就只能"加开小灶""温故知新"，结合老师的讲解和自身的思考，更加深入地理解经典中的思想，丰富和完善个人理解，以更好地组织和引导学生们对经典内容的熟练运用和拓展掌握。

而在小班研讨课中，我更是感触良多。这些刚刚踏入大学的大一新生们毫不怯场，颇有一番"初生牛犊不怕虎"的勇气，站上讲台，眼神坚定，引经据典，侃侃而谈。每一次听学生们的展示报告，总能让我眼前一亮。他们的所谈所想所悟，皆体现了他们对经典著作的深刻理解和自身感悟，更有甚者，结合当下热点，对当下社会现象提出自己的批判和独到性见解，让我惊讶之余又颇为感慨，果真是"长江后浪拍前浪"。因此，作为一名助教，在课程上我不能有一丝马虎，需要对教材进行更进一步的理解，以适应当前与学生交流的深度。在不甚了解的问题中，也切不能随意敷衍了事或是随意发表评论，而是一直保持着谨慎的态度，诚恳地对学生的问题做出回答，以免让学生形成错误观念。

在私下的交流中，我发现大家也是十分喜爱这门课程，但也头疼于哲学问题的晦涩难懂，迷茫于小班研讨报告和结课考试的论文写作。当他们还纠结于如何分分必争，获得高分时，我尝试着告诉他们这门课程不仅仅是让大家更深刻地理解中外经典著作中的思想，也不仅仅是要大家掌握所有大师的观点，而是要求大家在阅读经典的过程中，要学会对此进行理性思考和批判性思维的能力。意在鼓励大家在走进经典中，做到长见识，强能力，以达到"博雅"之境。

在助教这条道路上，我有过幸福一刻，也有过窘迫之时，或许以后还会遇到更多的困难，但是有一点是肯定的，我从来不是孤身一人。最后，祝愿这些可爱的学生们在未来的日子里，养成刺猬的专精，狐狸的博通，鲲鹏的水击三千、云抟九万。内修繁类，齐诸贤之所长。外涉异邦，探学海之广博。

微瑕白璧：记跌跌撞撞的助教历程

李张怡　文学院 2020 级硕士研究生

戴复古有句名诗："黄金无足色，白璧有微瑕。"以此诗来概括我这三个月的助教经历再合适不过。

起初，我认为这将是一次理想的"职业训练"，没有大 boss 拦路，也不必打怪升级，只需作一个高配版"课代表"，辅助教师管理小班即可。因此，当被委以"带班助教"的重任时，我仿佛感到一盆汽油当头浇下，接着飞过来一把火，将我烧得焦头烂额。看着《人文导引小班研讨手册》中条条框框的规定，我幻想自己孤零零站在讲台上，面对张牙舞爪的大一新生，不由自主地留下冷汗。

事已至此，我只能做足准备，微笑面对。于是，第一次小班研讨课的前一晚，我在心中无数次默念课上的发言与流程，甚至连自己如何优雅地走上讲台、按下多媒体设备的"上课"键都在脑中预演了一遍。然而，留给有准备的人的不只是机会，还有意外。我按照前一晚设想好的，左脚先迈进教室，突然感到脚下一空，伴随着鞋跟与地面摩擦的声音，我跌坐在地，脚踝撞在那块"计划之外"的台阶上。显然，题目当中的"跌跌撞撞"绝非单纯的修辞，而是如假包换的写实体验。计划完全被打乱，我无论如何也想不到，自己会送给全体学生如此隆重的"见面礼"，而此刻的首要任务也不再是如何优雅地自我介绍，而是如何巧妙地化解尴尬。我一瘸一拐地走上讲台，说出了心中临时酝酿的开场白："同学们好，初次见面就以一种非常狼狈的姿态出现在大家面前，但这一突发事件也有两点裨益。第一，我这一摔留给大家的印象比任何自我介绍都要深刻，虽然是狼狈的印象，不过我也相信在今后的相处中，我会用实际行动让诸位改观；第二，我的血泪教训时刻提醒着大家，进出教室要留意门口的台阶，注意脚下，不要摔倒。"说罢，我看向大家的眼睛，他们不再是想笑又不敢笑的狡黠模样，而是用真诚的微笑回报我应变的机智。

这一跤，是我完美计划当中的瑕疵，摔碎了我的草稿，但同时也增加了我的信心。正如我没有料到自己会成为"带班助教"一样，我也没有料到自己会在第一堂课跌倒，这些原本被视为瑕疵的东西，一经克服，反而会成为一段经历中颇具纪念意义的符号，给予我迎接更多挑战的勇气。自此，我便放松了那道紧绷着的弦，以最松弛、最自然、最平和、最从容的方式与同学们相处。

人文社科经典导引课程希望培养学生的博雅品位，它横跨历史，贯通中西，追求思想的碰撞与兼容，而作为一名助教，我也无时无刻不在体验着与同学们思想的交流和碰撞。学习《论语》一章时，我的小班遇到这样一个研讨话题："孔子的'仁'指的是什么？与当今的道德标准有什么异同？按照这个道德标准来生活，能否在当今过好这一生？"大家在畅所欲言、各抒己见之后，得出基本一致的结论：孔子的"仁"并不完全适用于当代的道德标准。于是，有同学就重读经典这一行为提出了自己的怀疑——既然我们无法完全继承经典中的思想，那么为什么还有必要对原典进行细致的研读呢？我鼓励他们自己回答这一问题，同时也在心中不断追问自己，作为一名文学专业的研究生，我是否对经典的意义有足够的了解，又是否对自己学习的内容有足够的反思呢？最后，融合了学生们的智慧与我个人的思考，这一问题的答案越发明朗。经典的意义有时在经典之外，有时则在经典之中，它可以作道德标准、处事法则、人生哲理诸解，但直接阅读所带来的收获与愉悦是任何条理化、概念化的知识所无法比拟的。

课后，一位同学来找我，告诉我他对哲学抱有浓厚的兴趣，希望我在教材所列的 12 部经典著作之外，再向他推荐一些人文经典。那一刻，我感受到了通识课所散发的无限魅力，也感受到了助教工作的真实意义。人文社科经典导引正如其名，它并不是人文知识的灌输，而是吸引、启发与唤醒，它为学生们打开一扇大门，通往无涯的求索，它使学生们感受思考、交流与对话的美妙，让他们为了这种美妙的体验去主动接触更多的人文社科经典。作为助教，我的使命是最大限度地开发同学们去参与思考与交流的动力，而我所要做的，则是秉承着一颗谦虚的心，去鼓励，去倾听，去收获。毫无疑问，我也是通识课的一分子，我也是这场思考盛宴的享用者。

古语有"三余"：冬者岁之余，夜者日之余，阴雨者时之余。其中蕴含着古人对时间的珍视与妙用。或许，我们可以将助教工作视为"第四余"，即教为学之余。成为一名助教，不仅意味着将空余时间投入一件有意义的教育事业当中，还将成为我们专业学习的有机组成和重要补充。助教，不是奉献者，而是收获者，与学生们有着双向的助力。每一堂课，我都能领略到跨越学科、超越年龄的学术观点，我试着以他们的视角去思考，以他们的眼光去探索，挖掘更多具有辩证价值的理念。这些经历，都让我受益良多。

让我备感欣慰的是，随着这门课进入尾声，越来越多的学生敢于表达自己的观点，愿意在课堂之外与我分享他们的思考。或许有些想法略显稚嫩，或许有些想法不是那么严谨，但无一不是新颖的创见。短短一学期的通识课赋予他们独立思考与自我表达的信心和勇气，他们思考，犯错，继续思考，没有什么能够阻挡他们追求真理的脚步。正如我在最初跌倒后扔掉草稿，开始了那段开场白。通识课使我告别了胆怯的自己，从意外和失败中汲取经验，获得勇气，与我可爱的学生们一同成长。

勇敢，倾听，学习，交流，这是我从助教工作中收获的重要品质。回顾这段经历，我突然热泪盈眶，它就像我在开篇所形容的那样，是一块微瑕的白璧，它的不完美恰恰使它价值连城。我无比感恩自己在跌跌撞撞中走过的这段路，有了它，我才成为了更好的自己。

社恐人的助教挑战

张晓曦　信息管理学院 2020 级硕士研究生

春生夏长，秋收冬藏。2021 年的秋季学期，我收获与一群刚从高考考场拼搏而来的学生们的友谊。他们是刚刚长成的树木，正要向天空张开枝蔓去探索世界，青春的张力和热情在他们身上充分洋溢。子曰："三人行，必有我师。"初任助教的我抱着虚心求教的心态，走进教室，与一群好奇的学生们笨拙地开始了人文导引课程。四个月的相处，我们从拘谨的亦步亦趋到能够随意打趣玩闹，课程一次次推进，他们了解了越来越多的经典，我也对年轻孩子的心理世界和教师的责任意义有了进一步的理解。

选择做人文导引课程助教属于无心之举，这个学期由于少量课程还未完成，仍需要留在学校，拥有大量空余时间的我看到了助教招聘，于是起兴有了做助教的念头。因着本科在国学院的学习和熏陶，我对人文学科有一种不由自主的亲近，如果能够做人文导引的助教，既能消磨我的课余时间，还能回顾我学习过的经典，或许还能交到新的朋友，岂不是一举多得？于是抱着多重打算提交了报名表，加入了浩浩荡荡的助教队伍。

助教不是那么好当的，这是我了解了所有助教培训和助教任务之后的感想。正当我疲于完成助教考核时，又有"噩耗"传来，我和许多新任助教被通知这一学期没有小班老师，于是小班助教需要兼任小班老师和助教。得知此消息后，我石化了很久，这对于一个生性内敛的社恐来说属实是惊天之雷了。但是既上贼船也难下船了，我不得不硬着头皮独自一人去面对二十多个新同学。

课程开始之前需要进行分班工作，新生多的学院会分成几个大班，每一个大班又分成若干小班，每一个助教负责一个小班。每个小班会建立一个班群，这里还有一个小插曲。我所负责的班级是 25 个同学，需要分成 4 组，于是我让他们自行组队，每队 6—7 人。结果有两个组都组出了 7 人队伍，这样剩下的同学必定会组出一个 5 人小组，这一点最开始还是由同学们发现的，没办法，我只能把已经组成的队伍强拆一人出来，顺便自嘲了一番数学不好，这下，还没见面，大家都知道这个助教的脑袋瓜子不好用了。

经过了好几次的小班研讨后，我与同学们逐渐熟络了起来。在每一次大班课程之后，他们还会催着我给出小班研讨的题目。而我也会催着常常错过群消息的同学尽早选定研讨题目。在总共八次小班研讨中，我采用的研讨方式主要是每组围绕一个问题进行 PPT 展示，在大班课程后的一两天，我会在群里发布一些问题，由小组成员抢选，然后于下一周进行小组研讨结果展示。每一组展示结束后，我会让同学们对该组展示的内容进行提问，最后由我进行总结。

印象最深刻的一次小班研讨是第三次关于《审美教育书简》的研讨，采用的形式是戏剧表演，从席勒戏剧中选出话剧、情景剧、小品等进行一个时长 20 分钟左右的表演。由于国庆调休，同学们接到这个研讨要求的时候，距离展示只有五天的时间。在一片哀号之中，我好心提出了可以把台词放在 PPT 上的建议。于是，在期待中，表演形式的第一次研讨开始了。虽然大部分的同学都记不住台词，需要看 PPT 或纸本，但是戏剧的展现结果还是令人出乎意料的，有些同学的演技真的是不错呢！尽管时间仓促，小组同学们还是为这一次表演进行了充分的准备，有的小组用 PPT 做出了幕布的效果，还配上了背景音乐，让戏剧表演的感染力变得更好。有的小组用饮料、纸壳、信纸做了表演出现的道具，甚至把"尸体"都备好了。还有的小组做了一个反串表演，由男生扮演了女主角，语气和神态居然惟妙惟肖，成为了全场最佳影帝。

我和同学们之间虽然有着师生的分别，但是课下我们的互动并没有传统师生关系中的拘谨。有时候我觉得我更像是他们的一个普通的学姐，虽然本来就是。在课上，我也经常鼓励同学们起来发言，为了活跃课堂，我甚至动用了分数诱惑，并且，为了照顾过于内敛的同学，我会点名让他们发表自己的想法，然后给他们加分。可能是因为平易近人的性格，让不少同学找我吐槽一些学习或者生活的事情，有时，有些同学会来询问我一些关于大学生活的问题，我也很乐意根据自己的经历来替他们解答。有时，有同学不小心睡过了，因错过了课堂而难过，我也安慰让他下次争取更好的表现。频繁地与同学们互动，也让我更加了解他们的心理世界，让我更加感受到他们不同的个性和活力。有些同学是完美主义，每个任务都要尽善尽美；有些同学有严重拖延症，报告每次拖到最后交；有些同学特别积极，爱表达自己观点；有些同学内敛不爱表达，却私下调皮风趣；有些同学尽职尽责，担起一组的 PPT 制作之责，他们每个人都有自己独特的闪光点，让我在课程结束之余都会忍不住回想与他们相处时的可爱的时光。

此次助教之行，让我和同学们都对人文社科导引课程的设置有了更深的理解。课程刚开始的时候，有些同学非常不能理解为什么理科学生也要学习经典，因为经典的阅读需要花费很多时间，获益也需要较长的周期，对课业繁忙的他们来说是一种负担。但是经过了一学期的学习，我认为人文社科导引课程的重点并不在人文社科的知识，而在于"导引"，这门课程是要教会他们在面对人生、社会中的种种问题的时候该如何思考，如何让自己能够脱离随波逐流拥有自己的人格。不同的经典书籍只是引子和手段，通过这些名著所传达的道理，最终领悟到于自身有用的人生信条，我希望和我一起经历这门课程的同学们在往后的学习生活中都能找到指引自己人生的精神之光，做一个至尚的人。

珞珈山上的幸运之旅

郭圆圆　经济与管理学院 2021 级博士研究生

金秋九月，丹桂飘香，我如愿当选了人文社科经典导引的助教，心情非常的欣喜。第一次听到导引课程的消息还是 2019 年 7 月周叶中校长在《开讲啦》提到"武大新生接到录取通知书的同时会收到学校赠送的两本教材：《人文社科经典导引》和《自然科学经典导引》，这也是本科生入学的两门基础必修通识课"。遗憾的是当时刚好是我本科毕业，对新生也是羡慕了好一阵子。从没想到两年后已身为博士的我还有机会以助教的身份参与人文导引的课堂，收到助教录取邮件的时候我真是非常的高兴。但与此同时，心中也不免忐忑，因为之前总是想学习这门课程，而没想到如今却要作为带班助教一人独立组织小班研讨。虽然深感前路充满挑战，但还是下定决心：既已选择，便不能退缩。

前期的摸索尝试

开学之初，学校给助教们提供了关于课程教学和师德师风方面的培训。这两方面我倒不是十分担心，一是因为培训内容非常全面细致，二是因为在这么多年的学生生涯中，在老师们的耳濡目染之下我也受到了潜移默化的影响，有榜样可以参照。我认真研读了学校下发的教学要求，并结合自己的风格和实际稍加调整，制定了更为细致的细则来指导自己的行动，其中关于课程要求、评分体系、评分细则等内容则在第一节课便向同学们加以详细说明，以做到公开透明、公平公正。之后，为了尽快熟悉每一位同学，我借鉴自己一位英语老师的方法，请同学们在小班研讨时以小组为单位集中就座，并拍摄标记姓名的小组合照。此方法确实有效，我很快便记住了班里每位同学的名字及特征，同时这种方法也非常方便开展小组讨论，同学们之间很快便熟悉起来，班级氛围很好。

在组织小班研讨的实践过程中，为了把握好引导方向，每次大班课我都按时到课堂上听王老师讲授，从未迟到早退，熟悉王老师的讲授重点。此外，每次大班课结束后我都会及时制定关于下次小班研讨主题、形式、流程和要求的细则文件，并提前发给小班学生以引导他们的课前准备活动，同时也指导我自己对小班研讨课堂的把控。虽然读过一些经典著作，但是我深知自己在这方面的知识储备还远远不够，所以我要求学生们在小班研讨前一天将选定的话题和准备材料发给我，我便可以留出一天多的时间有针对性地发现问题并查阅相关资料，以弥补自己的知识盲区并做出更加深入的思考。在小班研讨课上，一方面我会把握课堂进程，另一方面，也会针对同学们的展示提出一些建议，比如PPT的制作、演讲的状态等。当然，小班研讨最重要的还是引导学生们提问思考。在小班研讨之前，我会针对同学们提交的课前准备资料事先准备两三个问题，课堂上如果同学们没人发言的话我便会及时提出我的问题让同学们思考讨论。庆幸的是，班级讨论氛围一直比较好，同学们大多比较踊跃，我的问题派上用场的机会很少。在小班研讨结束后，我鼓励同学们针对课堂上重点讨论的问题进一步查找资料，写下新的认识和思考，并在小班班群进行线上交流。此外，我也要求自己及时做好小班研讨总结，反思自己的表现，不足的地方及时向其他助教请教。

后期的渐入佳境

经过两次课的尝试调整，我和同学们之间就小班研讨的流程和要求基本上形成了默契，我可以比较从容地把握整个课堂进程，后期的重点便放在了展示能力的提高和研讨内容的深化上。前几次小班研讨时，同学们的PPT大多十分简单，上台演讲时也多是携带手机或者平板照着稿子念稿。在我提出脱稿演讲的建议后，同学们的PPT却又朝着满是文字的另一个极端发展，我再次跟同学们分享讨论PPT的制作要点，以及字体、色调、布局等。后来同学们的PPT制作能力明显提高，内容选取恰当，字体、色调和布局等也更加合适，最重要的是他们开始有意识地选用与演讲主题紧密贴合的配图。与此同时，同学们演讲也逐渐实现脱稿，由最开始的看手机念稿到用纸记下重点再到完全脱稿，看着同学们演讲状态逐渐变好，我心里也十分开心。

尽管这门课程面向的是大一新生，但是他们的求知欲和探索欲是不容小觑的。在小班研讨的思考深度上，我也是遇到了很多惊喜。第3次小班研讨时两组同学就"现代社会是否还需要宗教"进行了深入辩论，宗教是否属于社会科学、宗教和信仰的关系等尖锐问题都在辩论中得到了激烈讨论。第4次小班研讨在讨论"如何让生命不朽？"时，叶蕾同学阐述了"三重死亡"的观点，认为死亡有三重：第一重是物理意义上的死亡；第二重社会意义上的死亡；第三重是灵魂的死亡。此外，朱嘉莹同学也提出了十分独特观点，她认为

图 3-5　五个小组的合影

器官捐献也是一种具有现实意义的跨越生命长度的赠与。第 5 次小班研讨在讨论"当下时代如何实现审美教育？"时，孙孔泉同学从欣赏、理论和实践三个方面谈了自己的看法，并进一步深化到三个方面之间的关系加以阐述论证，最后得出了当代审美教育需要实现从自发到自觉的转变过程。同样精彩的课堂瞬间还有很多，与其说我是一名助教，不如说我是和同学们一样的学习者，在和同学们的交流讨论中我们在一起成长进步。

结课的收获反思

经过一个学期的助教工作，我认为自己最大的收获和提升主要有 3 点：一是思想上的成长。虽然我是助教的身份，但是更像是一名学生参与了这门导引课程的学习，通过阅读这些经典著作、听老师讲解、和学生深入交流讨论，也激发了我自己的思考，让我对很多问题有了更加深刻的理解。二是能力上的提升。这门课程并不是我第一次担任助教，但以

图 3-6 小班研讨课堂现场

往的助教经历多是做些台下的工作，虽说也学到了很多技能积累了经验，但是这门导引课却为我提供了真正站在讲台上的机会。我仍然记得自己第一次课站上讲台时的忐忑，也非常欣慰切切实实地感受到了自己一步步变得从容自若，非常感谢学校给予我的这次锻炼机会。三是我收获了能量和快乐。大一新生们对学习内容充满了好奇和探索欲。和他们在一起相处，我自己也被感染，元气满满，对未来的每一天都充满希望。

时间如白驹过隙，短短的一个学期转眼间便结束了。在这个学期的助教工作中我收获颇多，但在这个过程中我也意识到了自己的不足。首先，在经典赏读和思想深度上我仍存在较大的提升空间，我深刻明白阅读经典是一个人一生都要坚持去做的事情，思考永无止境。其次，在小班研讨形式的多样性上我也存在一些不足，这个学期我们的小班研讨多以PPT展示、学术会议和学术辩论等形式进行，缺少艺术呈现式，日后若有再次担任助教的机会，我一定会提前筹谋，将小班研讨组织得更加丰富多彩。

青春年华勤思考，珞珈山上好读书。导引课程对新生和助教而言都是一次难得的体验和锻炼，一场幸运之旅。

陪你一起成长

张广良　教育科学研究院 2020 级硕士研究生

当我第一次踏进小班研讨的教师时，我也不免俗地紧张了。害怕昨夜对于研讨主题的准备不够充分，担心同学们的问题过于犀利我无法回答，忧虑在研讨的时间控制上会不会过短或过长。但当我坐到教室里，看着电脑屏幕上还有几分钟上课的倒计时和空空如也的屏幕，我不紧张了。

十八九岁的他们第一次上小班研讨课，甚至也许是第一次需要做 PPT 和展示，所有人都默契地在等待着，但不知道在等什么。那一刻，我突然意识到，也许我应该做得更多。

不知道需要自己把 PPT 拷到电脑上，不知道用什么样的 PPT 更合适，不知道如何做好一个展示，不知道如何开展一场辩论赛，乃至不知道如何来回答大班老师布置的问题，甚至连今天上课的教室都不记得。刚刚从一种事无巨细的全指导式的教学关系中脱离出来的他们，还在迷茫着。

而相对于面对上百人的大班老师来说，由小班老师来处理这些问题显得更为合适一些。短暂的风中凌乱之后，我明确地告诉他们，大学意味着更多的自由和自主权，同时也意味着需要他们更强的自主性。首先需要做到的是，自己找到今天上课的教室在哪，而上课要用的 PPT 也需要自己拷贝。当然，也许在第一课前，我也应该稍微做些提醒。

课堂的位置和课程 PPT 的拷贝也许还好解决一些，但这门课程对他们来说更重要的，还在于学术的训练。作为小班老师，我对课程内的经典的理解是不如大班老师的，而我们作为研讨课程的老师，更加重要的是帮助学生将思维和研讨的过程不断精细化，提升学生的思维水平。其中我认为最重要的，是解决问题的逻辑与整体架构。这也是我在小班研讨的过程中和学生们着重强调的内容。我想这也是他们学习经典的重要目的之一。未来，不管他们是走向学术生涯抑或是工作岗位，都要去解决问题甚至是难题。那么如何进行破题就是至关重要的。而我在小班研讨的过程中最常说到的问题也是学生在展示过程中的逻辑思路：为什么要展示这部分内容？这部分内容与其他部分的关系是什么？各部分之间又是为什么以这样的顺序进行排列？回答这个问题无法回避的要点是什么？

这些问题的回答是需要思考与时间的。我能看到一开始我提出这些问题时，他们脸上的迷茫与不知所措。然后，慢慢地，我开始看到我想看到的答案渐渐多了起来。在对中西方死亡观做比较时，他们开始慢慢懂得如何对两种观念进行比较；在对历史人物做评价的时候，他们开始慢慢找到不同的维度与视角来去思考如何看待那些历史长河中的人物。

在一些细节上，他们也做得越来越好。比如说，PPT已经从最开始的凌乱的排版，变得干净、整洁、清晰，甚至有一些同学还形成了自己制作PPT的风格，在班级内独树一帜；再比如说，他们已经能够在我的培训之后熟练地担当起辩论赛的主持人和计时员，能够在赛前提出可能会出现的问题，并积极想办法解决，最终呈现了一场完美的辩论赛。比赛结束之后，我还颇有些感慨，似乎当时电脑屏幕一片空白的尴尬已经扫荡一空。当然，他们依然青涩，依然会犯错，但那就是青春的向上的不断成长的能量。

而这种力量，也是我一直试图通过各种各样的方式帮助他们激发出来的。在课程当中，我一直希望能够通过平等、民主、自由的课堂氛围帮助他们不断提升自主学习和自主管理的能力。在有限的范围内自由选择研讨题目与展示顺序，让他们成为提问者和点评者，等等这些都是我在做的尝试。

当然，有时，这样的自由也会产生试错的代价，班级小测就是这样一个例子。最开始的小测是在课堂上完成的。但考虑到研讨时间的紧迫性，我们班的四位助教和学生们共同商议后，决定把小测的时间改到小班研讨课程的当天晚上，以留出足够的课堂时间给大家研讨。这个决议是由助教征集，学生提出，最后举手表决产生的。但它产生的效果，却令我们大吃一惊。由于小测在课堂之外进行，没有了时间和地点以及教师的约束之后，学生很容易忘记小测的存在，以至于经常有学生在小测的规定时间之外找到助教，哭诉他们没能够在规定时间内完成小测。经过几次这样的情况之后，我们终于意识到，这样的放权也许还是需要循序渐进。而我们也需要陪他们慢慢地成长。

欣喜的是，他们一直在不断地向我们展示他们的潜力。虽然每两周才有一次和他们接触的机会，甚至很多时候，这样的机会也会被假期或者其他不可抗力因素冲掉，而我还是希望能尽自己的最大努力来记住他们。而能让人快速记住的，往往都是表现极为优秀的。他们往往能够在我的点拨之下迅速地调整自己的思路，让下一次的研讨与展示变得逻辑更加缜密和完整；有的则是坚持输出自己真情实感的观点，也许不尽成熟，但也透着真诚。当然，还有一部分让人可以快速记住的，则是一些想要"浑水摸鱼"的同学。但他们同样也在不断地改变着我对他们的看法。有一位在第一次研讨时，展示得非常不认真的同学，在我们举办的辩论赛中担任计时员，最终圆满地完成了任务；而他在最后一次研讨中对于经典的诵读也让我刮目相看，看到他们的成长，是无比幸福的事情。

而在担任助教的这短短一个学期中，我也在不断地随着课程的进行而进行自我提升。

首先，是我从课程本身获得的滋养。从经典中，我也和同学们一起了解先哲是如何思考人类社会的根本性问题，深入理解经典思想对当代社会的影响和对人类行为的塑造，学习分析和理解现代社会问题的根本逻辑，从而学习如何看待世界与看待自我。其次，我也在和学生们的互动中不断提升自己作为一个教师的素养，与学生平等地沟通，激发学生的学习积极性，促进学生自主学习，让他们学会如何学习，都是我担任助教的过程中不断学习到的。未来，这都是我能够提升自我源源不断的养料。

伴 你 成 长

孙文君　城市设计学院 2019 级硕士研究生

截至 2021 年 12 月，本学期是本人第二次担任人文导引课程助教，从小班助教到大班助教的过程体验也有所不同，让我更加深刻了解到学生工作的不易。总结这学期，我很幸运地成为人文社科经典导引课程的大班助教，并很幸运地协助李酣教授和汪超教授进行相关课程的工作开展，一个学期的助教生活，偶尔闲暇，偶尔忙碌。在老师们的悉心指导下，按照学校下发的指令和任务，本人的助教工作至今算是非常顺利。

平日助教工作过程中，要努力与老师及学生保持联系，积极出席每一次课堂，配合大班老师开展教学工作，保证协调老师课程的顺利开展，课下积极为同学们答疑解惑。助教的工作有时看似是烦琐的，但又都是教学中很重要的组成部分，所以即便是再细碎的工作，本人都要求自己认真做好。通过这些磨炼，使我变得更有耐心和毅力了。总的来说收获满满。同时候也了解了作为老师的不易，更加懂得了学生内心的需求。

两次担任助教工作中，听过不同的老师的对于人文社科经典的见解，不同的老师讲解各有风格，但是不离其宗的便是经典思想对于人的启发。担任助教的过程也是自我知识提升的过程，在听课时收获了宝贵的知识，在助教工作过程中提升了与学生沟通的能力。这是研究学习生涯的宝贵经历。

通过与学生的相处，了解了新一代"00 后"学生的思想和性格，与"95 后"不一样的是新一代的学生有着更加活跃的想法和思维，对待事物的看法和我们有着不同认识，这是平日生活所不能经历的体验。这些小孩思想很自由，没有太多条条框框的限制，而且聪明，如果他们能够找到一个自己感兴趣的事情，很容易做出成绩。

同时我也了解到履行工作规定的重要性。学校学院详细规定了关于助教工作的开展以及助教在工作中的责任等。对于这些规定，助教们应当认真研读，并以实际行动认真履行。

与此同时，保持与老师和同学的沟通也十分重要，应通过他们反馈的各种信息改进自己的工作方式。多跟老师沟通，了解老师的要求，可以更好地为老师的教学工作服务，还可以学到很多好的教学方法，积累丰富的教学经验。多跟学生进行交流，交流生活、学习等方面遇到的问题，了解同学们的需求，可以更好地为同学们的学习提供指导和帮助。保持积极健康的心态，认真负责地做好每一件工作，不给自己留有遗憾。在助教工作中，总会遇到一些让自己感觉困难的事，遇到这种情况时，千万不要消极对待，只片面地看到困难，退退缩缩，回避问题和错误。反而，我们应保持积极乐观的心态，勇敢地解决问题，只有这样，小到助教工作，大到人生，都将更加风雨无阻！

不要小看每一堂课的内容，人文社科贵在积累，走好每一步是非常重要的。每一堂课都是老师学识的精华浓缩，或许其中的某个内容、某个片段就能让你突然顿悟。而课下的积累也十分重要，正如达尔文所说，"我学到的任何有价值的知识都是由自学中得来的"。

18 岁进入大学后，是人的世界观以及认知重新塑造的时候，想要在成长的道路上更加顺利，阅读书籍便是最好的选择，也是最快的捷径。聪明在于勤奋，天才在于积累。一是人生关键几年，往往只有几步，要下定决心使自己的人生有个好开端。二是有恒心地坚持每一堂课，认真思考课堂内容。学习的过程总是布满荆棘，甚至狂风大雨，有的人可能中途松懈。但是，学习是一个持之以恒的过程，只有战胜一个个困难，才能有新的收获。三是需要用心做人、做学问，才能有所成。读书需要用心，处处用心皆学问。用心养成好习惯，当好的习惯积累多了，自然会有一个好的人生。

助教是一种很好的生活体验，能从中学到很多东西。当然生活中的点点滴滴都是值得认真对待和体会的，从中体会和发现生活中的真谛、生活中的美，从而更热爱生活，对自己的人生、对自己的未来都有很好的规划。

在经典中成长

刘燚爽　经济与管理学院 2020 级博士研究生

一、主 要 工 作

武汉大学人文社科经典导引课程围绕"如何成长"这一问题引导大家阅读中外人文社科经典。课程选取中外经典著作 12 部，其中 6 部是中国经典，既融通儒、道、释，又覆盖文、史、哲，其核心问题是人的仁爱、感悟与超越。

我有幸作为一名人文社科经典导引方向的助教，在这学期与新生一起学习经典，研讨经典。课程分为"大班授课"和"小班研讨"。

"大班授课"由主讲教师讲授经典内容，每节课为一部经典。为了提高学习质量，优化学习效果，我会提前一周在 QQ 群内通知学生们对即将开讲的经典内容进行预习。首先我会结合课本教材，了解所选经典内容的脉络体系以及中心思想，然后浏览课后讨论题，结合所给题目对文本进行再思考与学习。于我而言，我的专业是世界经济，对西学经典内容中的《国富论》《正义论》《论法的精神》等内容接触较多。对于我个人不了解的内容，我会查阅相关学术论文，争取形成自己的思考。待到大班授课时，认真聆听老师的讲授，丰富与完善个人理解。

"小班研讨"由助教负责组织和完成，内容涉及小组展示、课堂辩论、经典演绎等。要想组织一次高效有质量的小班研讨，需要对所讨论的主题内容有较好的研究与把握，这就需要做足准备工作。本学期共开展 8 次研讨，其中有 4 次课堂辩论，2 次小组展示，1 次经典演绎，1 次课堂实验。于我而言，根据学生选择的讨论主题进行思考，并将自己带入思考：如果我是展示同学，我将如何讨论这一主题。本学期最难的一次研讨便是《国富论》的课堂实验，由于大一学生们对经济学原理和现象不是很理解，出现了一些困难。第一，我很早就意识到了这一点，提前了两周告诉同学们多了解和收集经济学相关的内容，要有一定的基础；第二，在课堂上我首先自行演绎了一个很小的经济学实验，让同学们观看和学习怎么进行实验；第三，在同学演绎的过程之中，我时刻加以引导，纠正和提醒他们哪里可以表现得更好；第四，每个小组演绎完成之后，我都用自己的专业知识进行了总结，告诉他们这个实验的原理是什么，理论逻辑是什么，现实生活中的现象是什么，比如"双人博弈实验"对应的就是日常生活中两个人竞拍的场景。通过这种方式的学习，同学们对经济学表现出了极大的热情。

二、其 余 工 作

在担任助教期间，我会关心和解答同学们提出的和遇到的各种问题。首先，作为一名在珞珈山待了接近 8 年的学生，我给学生们介绍了武汉大学的基本情况，并告诉他们如何在大学四年内有效地实现自己的梦想和目标；其次，对于课程相关的知识，如果比较熟悉他们提出的问题，我会旁征博引告诉他们怎么去理解，如果不太熟悉这个问题，我会结合教材并咨询老师；第三，部分学生对于英语十分看重，在课下我向他们介绍了《经济学人》等优秀的英语阅读材料，并建立了一个课外兴趣小组供他们自己学习。

三、心 得 感 悟

第一，在"小班研讨"的过程中，学生有可能会向助教进行提问，有些问题助教可能也不甚清楚，在这种情况下，助教不能随意敷衍过去，甚至随意发表评论，以免给学生造成认知偏差或者是灌输观念。我在讨论过程中，对于无法立刻给出回复的问题一般有两种处理方法。对于富有探究价值的问题，我首先对学生表示自己对这一问题研究较少，待研讨课结束后，我会查阅相关资料继续思考该问题，并将思路与观点整理出来，及时发给同学以供参考。对于角度较新但是偏离讨论主题的问题，我会用简短的时间给出一个思考的思路，供学生课后做进一步理解。

第二，我遇到的最多的情况就是讨论过激或者讨论不足两种情况。一方面，在讨论大家都比较感兴趣的话题时，往往会产生不一样的观点，若讨论激烈但观点明确、紧扣主题，我会稍微放宽讨论时间，为同学留出充分的讨论时间。比如在研讨《论语》这个话题时，同学们都十分熟悉，各抒己见、争论不休。这种情况下，我就会及时插入讨论，总结双方的观点。另一方面，在讨论不足时，我会及时提供一个新的思路来引起大家的兴趣。

图 3-7 小班研讨课堂现场

比如在学习《论法的精神》的时候，大家不理解书中的理论时，我会用现实中的例子供大家讨论。

整体而言，这一学期结束后，我对经典内容的学习不断加深。在这一过程中，除去理论知识的学习外，我也锻炼了自己的主持组织能力，还认识了一群可爱、聪明又开朗的小朋友。

同学习，共成长

叶丽婷　经济与管理学院 2020 级硕士研究生

十分庆幸我在 2020 年初报名并成为了人文社科经典导引通识课的助教。这是一门启蒙性质的通识教育课程，通过研读中西方经典著作，探讨人的仁爱、感悟、超越、自由、理性与审美等问题。大学是人生新的起点，人文社科经典导引课程以"大班授课"和"小班研讨"相结合的形式进行，指引同学们从作品深厚的积淀里汲取前行的力量，开拓视野，培养博雅品味，养成君子人格，完成身份转换以及自我认同，理解和把握人、社会和自然中的复杂性与意义。作为一名老珞珈山民，很遗憾当年入学时还没有两大导引通识课，但成为助教跟随同学们一起研读经典，我也受益匪浅。

在大班授课的过程中，教师们对各部经典绘声绘色的精彩讲解让我感受到他们的专业，而内容充实、制作精美的 PPT 以及各种课外拓展视频等资料也凸显了教师们对这门课程的重视以及他们在课后一系列的精心准备。我印象较深的一点是，卢丽珠老师在讲到《史记·项羽本纪》的时候，鼓励学生参与课堂，允许三位同学报名讲课，让他们用各自喜欢的形式讲了刘邦和项羽发生的四场战争。出乎我意料的是同学们的参与热情很高，三个名额几乎立刻报满，还有同学因为课间上了个厕所而错过感到非常惋惜，可见同学们对于课程的认可度与参与度都很高。我担任助理助教的小班里有两位同学都报名参加了，根据平时小班研讨中他们的表现，我认为他们都是非常有想法、有自信心的同学，我已经在期待他们在台上妙语连珠、大放异彩的那一刻。真正到了讲课的时候，我竟然感觉到了我从未在他们身上见到过的紧张，但他们一定在课后花了大量的时间为此做准备，他们面对台下一百多位同学，圆满完成了这次"授课"。我看到了那两位同学的成长与光芒，或许他们本身就是具有勇气与信心、乐于挑战自我的人，但人文社科经典导引通识课无疑给了初入大学的同学们一个很好的认识自我与展示自我的平台。课堂上老师们讲授经典，探讨人与自然，历史演进，同学们在与众多文人巨匠、哲学大师对话的过程中拓宽视野，不断汲取成长的力量，这些都将鼓励与指引着他们在大学生涯乃至人生的道路上继续前行。

在小班研讨中，同学们有了更多交流与表达的机会，且表达方式并不局限于寥寥数张幻灯片，小班研讨课程还鼓励同学们通过辩论、情景剧表演、课堂互动游戏等方式展开思维碰撞。无论是哪一种研讨形式，安排合理的课堂研讨方案是必不可少的，作为助教应该协助教师认真完成这一任务，合理分配课堂时间，确保小班研讨的各个环节能够顺利进行。记得刚开始设计研讨方案时，为了增加互动性，我设置了一个小组点评环节与质辩环节，然而真正在课堂上实施时才发现，同学们似乎将点评作为一项任务了，每个组都有同学专门负责点评，他们的点评话术也相差不大，这样一来点评环节的意义不大，相反还挤占了质辩环节的时间，导致有的同学没有足够的时间分享自己的观点与想法。根据同学们的课堂反馈与老师的建议，我又继续完善研讨方案，重新斟酌各环节的实施必要性与时间分配，最终形成一个较为合理的演讲展示研讨方案。为了让来自不同班级的同学们可以更快地熟悉和融入团队，我在每一次研讨的分组设置中安排不同的同学担任小组长，希望每一个同学都可以在负责组织讨论的过程中有表现自我以及主动联系同学的机会，让每个人都能体会到团队精神的重要性。此外，小班老师对于学生研讨的总结与引导也让我获益匪浅，三言两语指出关键问题，给予学生引导，也把控住课堂讨论的节奏。

除了在助教工作上的体会以外，小班研讨给我最大的感受就是，初入武大的同学们个个都朝气蓬勃：他们思维敏捷，能够在辩论与研讨中迅速响应；他们创意满满，能够根据经典创造出极具新意的剧本；他们可爱活泼，能够在情景表演和研讨中脑洞大开，大胆表演……在与大一的同学们一起上课交流的过程中，我和同学们一起学习勇敢提出质疑，学习如何完整而清晰地表达自己的观点，我似乎也被他们的活力所感染，常常会思考对比自己目前的学习与生活状态，及时调整心态。感谢人文社科经典导引通识课的助教经历，让我有机会与武大本科新生们一起同学习、共成长，在经典著作的研读中，在小班研讨同学们的思维碰撞中获取力量，继续前行。

和学生共同成长

——一名武大通识教育课程助教的心得

朱彦霖　武汉大学文学院 2019 级硕士研究生

说起来，这学期已经是我第二次做人文社科经典导引课程的助教了，而由于下学期我将面临毕业，这应该也是我最后一次做这门课的助教了。与学生们相处的时光虽然只有一年，但这一年的时光让我进一步丰富了自己的知识储备，让我时常在恍惚之间梦回本科时代，也让我对武大通识课程有了更多的了解，对于武大本科生的教育理念有了进一步认知。

去年秋季学期，我担任动力与机械学院的导引课助教。第一堂课是外国语学院的张申威老师讲《历史》，张老师从"historia"这个单词入手，将两千多年前的历史故事娓娓道来。希罗多德写的是哪一段时期、哪里的历史？他为什么要写这些历史？这些历史都是真实发生的吗？带着疑问，我与学生们一起坐在一百多人的教室里，捧着厚厚的教材，穿越时空的隧道，拨开重重迷雾，回到了刀光剑影的希波战争现场。

经过大班课程的学习，我对于《历史》这本书有了初步的认知，也知道了阿里翁被海豚救下的故事、马拉松战役的前因后果，知道了埃及的金字塔如何修建、波斯贵族如何统治国家……但我又产生了新的问题：为什么希腊在波希战争中最终赢得了胜利？战争之正义与非正义如何定义？《历史》应该被归为文学创作还是历史记载？为了解答自己心中的疑惑，也为了小班课的时候能够保证教学质量，我又去视频网站上补习古希腊的变迁简史，去知网上查了学者们的论文，还去网站上搜了书评。经过一系列准备，在小班研讨课上，针对大家 Quiz 反馈中错误较多的题目，我进行了适当的讲解和补充，让学生对于相关知识的了解更加透彻。而在这个过程中，我对于希罗多德、对于《历史》这部著作有了进一步的认知，我也因此懂得了，作为一名助教，能够不断保持学习、与学生共同进步才是真正的理想状态。

理工科的学生大多从高中开始就很少接触人文社科类的知识了，对于 PPT 汇报的形式也比较陌生，第一次小班研讨的时候，学生们大多是将百度百科上的内容汇总一下，讲的内容也大同小异。刚刚升入大一的学生，思维可能还停留在高中阶段，对于学校提供的丰富的学术资源也不甚了解。于是我给学生们展示了如何在超星图书馆里找电子书、分享了图书馆网站里人文社科类常用的一些数据库、带领大家探索如何使用"知网""读秀"，还推荐了几个下载PPT模板的网站……学生们聪明好学，熟能生巧，研讨展示的成果也越来越精彩。记得在《审美教育书简》的小班研讨课上，学生们结合了《庄子》和康德的观点，论述审美的"有用性"；在《国富论》的小班研讨课上，学生们将亚当·斯密的《国富论》和《道德情操论》进行对比阅读，对于人的利己心与同情心进行深度探讨；而在《庄子》的小班研讨课上，当时我们选择采取艺术呈现式的研讨方式，有一组学生甚至在一周之内设计了庄子、惠施之间的情景对话，完成了剧本创作、视频拍摄和后期剪辑，在课堂上为大家播放了视频，令大家耳目一新。

一学期以来，学生们的研讨内容逐渐变得生动而丰富，从照着文稿逐字阅读到逐渐能够脱稿讲述，从开始时的手足无措到后来的侃侃而谈，从复制百度百科到提出自己的想法和观点……我欣喜地看到学生们的成长和变化，也仿佛看到了当年的自己。

因为喜欢导引课堂上轻松活泼的氛围，也本着和学生共同学习、成长的愿望，这学期我又担任了经济与管理学院的导引课助教。与上一学期不同，我对于经典作品有了初步的了解，面对学生的时候更加游刃有余；而学生们在经历了半年大学生活后，对于"小组研讨"这一形式不再陌生，对于如何查找资料、汇报呈现等环节也都有了比较全面的了解。但这一学期我的责任更重了——我由助理助教"升级"为带班助教，这意味着，我就是小班课堂里的老师，除了日常发放Quiz、统计成绩，我要负责组织八次小班研讨，还要应对一些意外的情况。

比如我带的班级里女生偏多，大部分学生在小班课堂上不太好意思主动发言，于是我会根据研讨的问题提前做一些准备，在大家积极性不高的时候主动破冰，引导学生们思考；在课堂上适当引入多媒体教学，例如在学习通上发布一些问题，让大家匿名回答，所有答案公开显示，为大家提供多样的思路，又如，在视频网站上找到一些名师公开课，在课前播放，吸引学生们的注意力；一般来说每个研讨小组里的组长任务是最重的，为了公平起见，我规定班级里的所有同学都要轮流当组长，以确保分工的公平性；在布置研讨题目的时候，我会先发布在QQ群里，然后留给学生们一定的考虑时间，期间设置群内禁言，时间到了再解除禁言，大家回复题目序号进行报名，最终按照先报名先选择的方式确定各组的选题，尽量保证选题的公平性；我们的小班课是在枫园教学楼，但学生们前一节课在计算机学院，想要在十分钟的课间赶过来肯定来不及，于是我跟学生们协商，上课时间推迟十五分钟，取消中间的课间休息……通过应对各种情况，我自己的教学能力、处理问题的能力也有了提高。

而在一学期的授课过程中，我也感受到学生们的表达能力、思维能力、团队协作能力等各方面也有了相当的进步，作为助教老师，我也感到喜悦与欣慰。在与学生们的相处过程中，我切身地感受到一年级本科生活跃跳脱的思维、各种奇思妙想，在他们身上，我看到了强大的创造力与可塑性，那意味着青春年华里的无限可能。在一同学习的过程中，我倾听学生们对于审美、公平、博雅、生命等哲学、文学话题的想法，与其说我是助教老师，倒不如说学生们是我的老师，我跟着学生们一起学习、一起思考、一起收获。

武大的通识课程为学生们提供了一个自由探索的课堂，这里没有一板一眼的照本宣科，不提供课后习题的标准答案，这里是学生们展现自我的舞台，是不同观点交流碰撞的聚集地。通过这两次的助教经历，我更深入地了解到所谓"通识"的含义，我也相信，通识教育课程不仅为本科生们提供了一个良好的学习平台，也让助教们获得了相当的收获与成长。

第四编

为有源头活水来

　　武汉大学的通识课以"兼和两段"的方法论打通古今、中外、文理、知行之间的壁垒，力图塑造博雅通识的全面人才。在导引课堂上，研究生助教的个人成长也同样重要，他们不仅锻炼了沟通能力、表达能力和组织能力，实现了从"学习者"到"讲授者"的身份转换。同时在助教工作中，他们也对现阶段的学习生活甚至以后的职业规划和人生目标有了新的启悟。在大课老师的讲授和小班学生的研讨中，助教们更是对课程中涉及的经典有了更进一步的了解，看到了经典与时俱进的生命力，正所谓"为有源头活水来"。

我的助教之旅

柏　悦　教育科学研究院 2019 级硕士研究生

缘起，报名前的激动

我和助教的缘分始于朋友圈，我的一位同学担任了助教工作，经常在朋友圈里记录课堂上的趣事。她的朋友圈里同学们时而激烈辩论，时而戏剧表演，整个过程欢乐愉快。慢慢地我被她的朋友圈感染了，按捺不住内心的好奇，向她咨询了助教的事情。在同学细心向我介绍了助教工作内容后，我便迫不及待地咨询助教报名的方式，期待自己也能成为一名助教。怀着对助教工作的憧憬，我开始关注关于助教的所有动态，尤其是招募通知，生怕错过了报名时间。当第二学期开始招募新一批助教时，我欣喜万分，急忙地报了名。报名之后则是漫长的等待过程，每天内心忐忑不已，害怕自己落选。收到被录用的邮件的那一刻，我激动地大叫一声，开心地犹如金榜题名一般，喜悦之情无以言表。那时我在心里暗暗发誓：一定要成为一名称职的助教。

体验，过程中的"五味"

如愿成为一名人文社科经典导引助教后，内心还是有所忧虑和紧张，担心自己第一次做助教没有经验，不能完成好工作。但是在经历了全面系统的培训之后，我渐渐地放平了心态，相信只要我认真对待，完成培训课上交代给我们的任务，就一定能服务好老师和同学。我所带的班级是土木建筑学院的大一的学生，两位大班老师分别为苏德超老师和易栋老师。一学期的助教经历还是挺多姿多彩的，我用"酸甜苦辣咸"五味来回顾。

一是"酸"味，酸是来自我对学生的柠檬酸。我们班的学生尽管还是大一新生，但是表现十分惊艳，让我惊讶不已。小班研讨我们班采用了PPT展示、辩论赛、戏剧表演等形式，不管是以哪种形式开展，学生都能驾轻就熟地完成，而且质量也比较高。他们知识面广、思维很活跃，也善于思考，总能在课堂上在与老师的交流中碰撞出思维的火花，输出比较新颖的观点。他们每次上台展示时更是落落大方、从容自信。现在的我和他们比起来都自愧不如，更不用让当年大一时的我和他们做比较了。

二是"甜"味，甜来自于我看到同学们一学期的成长蜕变后的甜蜜。由于进入大学不久，大部分同学都没有参加过辩论赛和戏剧表演，对于二者的流程和技巧都还不清楚，所以我们班第一次小班研讨以这两种形式开展的时候同学们显得比较生疏和稚嫩。在老师的指导和一次次的训练下同学们进步十分明显，看着同学们有质的飞越，心里甜滋滋的。

三是"苦"味，苦来自于我在组织协调开展课程中的辛苦。我的工作内容包括以下几方面：一是统筹管理整个大班，建立大班群，在群里统一解答学生疑问和困惑。二是跟老师和学生进行沟通协调，根据大班老师的要求做好对小班老师、小班助教、学生信息的上传下达，保证课程的顺利开展。三是组织小班研讨，及时安排各小组研讨的任务，跟踪小组准备的进度，并且主持小班研讨、对学生的表现进行打分。四是做一些琐碎的工作，如管理学习通课程，发布Quiz，进行课程签到，协助大班老师改试卷，登分，等等。助教工作总的来说比较繁杂，想要做好还是需要花费时间和精力的，需要有足够的细心和耐心，平衡学业和工作确实有一丝丝辛苦。

四是"辣"味，辣来自于我在突破锻炼自己时脸上的火辣辣。我的性格有些内向和害羞，每次在公共场合发言时很容易紧张发怵、大脑一片空白、脸红害羞。作为一名助教，我经常需要主持小班研讨，这就迫使我必须勇敢地站出来，在学生面前讲话。第一次主持小班研讨时我紧张地说话卡壳，涨红了脸，觉得有人会笑话自己。随着主持次数的增加，脸红的次数越来越少，也更加游刃有余。

五是"咸"味，咸来自于我在消化和吸收课程知识时的艰难。我在本科时并没有上人文社科经典导引这门课，对这门课的知识内容可以说是知之甚少。但是作为一名助教，我认为必须得对课程内容了然于胸，只有对课程知识有了一个很好的掌握之后才能更好地对学生进行指导。所以我就迫使自己认真学习，不仅课上认真听讲，课下也积极学习慕课上的视频，还阅读相关的书籍文献。整个学习过程虽然艰辛，但是收获颇丰。

结课，分别时的不舍

助教经历短暂而美好，不知不觉一学期的助教工作就结束了。最后一次课老师跟大家告别时说道：虽然这门课结束了，但是人文社科知识的学习没有结束，希望大家永远保持对人文的热忱。听着这些话，心里涌起了无限的不舍。

我舍不得两位大班老师。在助教工作之前我就听闻了这两位有名的"校红"老师，后来去听一场讲座，两位主讲嘉宾正是苏德超老师和易栋老师，他们的讲演给我留下了深刻的印象，渴望以后能有机会跟两位老师请教学习。没想到能在人文社科经典导引这门课上再次遇到两位老师，当看到两位老师携手带一个大班时，我欣喜极了，毫不犹豫地选择做两位老师的课程助教。跟两位老师深入接触后才发现他们不仅知识渊博，而且为人谦逊有礼，有着极高的修养，性格十分可爱。苏老师幽默风趣，讲课生动活泼，举例贴近生活，常常让学生捧腹大笑。易老师文采斐然，国学造诣很高，古典诗词信手拈来。而且易栋老师是一位非常有教育情怀的老师，他一旦上起课来就十分投入，常常下课铃声响起也浑然不知。他把大部分的时间都放在了培养学生身上，并且常常告诉我小班研讨要用心组织，让学生从中有收获、有成长。在两位老师的身上我看到了"师者"应具备的所有良好品质。最让我感动的则是我的工作得到了两位老师的认可，都称赞我工作很认真，完成得很好。易栋老师更是说：如果你在我们学院，我一定愿意招你做我的研究生。听到老师这番话语，我不禁热泪盈眶，如果能拜在老师门下学习，是多么令人兴奋的事情。

我舍不得亲爱的同学们。我们班的同学是大部分沉稳内敛，言语较少，十分听话懂事，每次我在班群里发布学习任务后，他们都会积极回应，如期完成。他们的学习能力非常强，经过老师指导一点就通。和少数几个同学沟通后，发现看似内向的他们有着十分有趣的灵魂。在他们的身上我学习到了很多，虽然说是我在服务同学们上课，实则是同学们帮助我成长。

老师们、同学们，感谢与你们的相遇！因为有你们，才让我拥有了一次如此有意义的助教之旅。

"小狐狸"的初体验

郭宝瑞　哲学学院 2019 级硕士研究生

通识教育界将热爱通识教育的人称为小狐狸。我在本学期担任了人文社科经典导引课程的助教。第一次做小狐狸的我既紧张又兴奋，将心路历程写于笔下。

一学期转瞬即逝，回首第一次站上讲台主持小班研讨的那天，仿佛还在昨日。第一次担任助教的我毫无头绪，提前询问了曾担任过助教的师兄师姐，向他们讨教经验。师兄师姐们宽慰我，大一的同学们既聪慧又可爱，同时也不必担心我们的能力是否能够胜任这项工作，我们不是专任教师，我们的目标不是教学，我们只需要做好引导者和服务者，以真诚和努力去引导同学们独立思考，这就是我们最大的成就。于是，怀揣着做好服务者和引导者的心情，我开启了第一次担任助教的旅程。

第一次小班研讨之前，我在课程群内为同学们简单介绍了这门课程。人文社科经典导引这门课程作为通识教育的半壁江山，涵盖文史哲艺，贯通古今中外，将带领同学们领略人文社科的魅力。本门课程中，同学们将学习武大各位名师为大家精心挑选的十二篇中外经典篇章，它们都围绕着一个共同的主题——"成人"，包括人的人性、天性与悟性，人的使命、博雅与爱恨，人的历史、生命与审美，人的自由、理性与正义。我还提前布置了课程任务，本节课采取 PPT 展示的形式。大一的新生甚至都不知道如何制作 PPT，我还专门为他们讲解了 PPT 的制作。

尽管有了些许准备，但是第一次小班研讨时我仍带着些许不安提前来到教室，却发现同学们已经基本来齐了。他们有些好奇地打量着我，安静地等待我安排任务。虽然我早早准备好了开场语，却因为紧张而忘记了许多。同学们还有些拘谨，小心翼翼地称呼我老师。为了打消同学们的陌生感，我便让同学们称呼我为学姐或者姐姐，耐心地为他们解答问题，瞬间感觉距离拉近了不少。尽管这是同学们第一次进行展示，但最后的课堂效果却大大出乎我的意料。他们的 PPT 不但非常精美，而且内容十分丰富，并融入了自己的思考和见解。我在心中感叹，不愧是武大的学生！

　　在本学期的八次小班研讨中，我们采用了四种形式，我充分尊重同学们的意见和需求，及时调整研讨形式和主题，最大限度地给同学们自由思考的空间，不断引导他们深入思考。我会提前两天让同学们将PPT或文档发送给我，提出意见建议让他们修改完善，以便达到最好的课堂效果。同学们的表现都十分精彩，有一次课我们采取了辩论会的形式，有几位同学唇枪舌剑，才思敏捷，令我惊叹不已。还有艺术表演形式时，甚至有小组同学可以全程脱稿表演，栩栩如生，情感充沛，精彩程度不亚于专业演员的表演，令我赞不绝口。

　　在日常工作中，我会提前熟悉教材，并每节课按时听课，认真听取主讲教师讲授的课程内容，深入、细致、全面地把握每一讲的目标、重点与难点，为下一周小班讨论课的组织和答疑作好充分的理论知识和学术准备。我每节课前都会制订研讨计划，发送到课程群内，方便同学们了解本次讨论课的安排，熟悉课程任务、流程和目标，并及时针对学生提出的问题和遇到的困难进行答疑解惑，以便同学们更好地准备研讨。

　　在课堂上，我会做好时间把控，做一个引导者，提高同学们的积极性，而不是填鸭式地灌输给他们知识。同学们参与度很高，课堂效果非常好。每次研讨结束后，我都会分小组进行点评和总结，包括小组成员、分工情况、小组汇报内容总结、我的点评这几部分，并及时上传到群文件。我的点评会包括优点和不足两部分，在鼓励同学们的基础上督促他们不断进步。如果本次课以艺术表演的形式进行研讨，我还会录制视频分享给同学们留念。

　　我会重点关注比较内向的同学。班里有位同学十分内向，第一节课都未曾开口说话，我温和地引导他，他却只是摇摇头。我便在群里开导同学们，鼓励大家积极发言，有困难可以私聊我。后来，他逐渐突破自我，在一次文艺表演中表演得惟妙惟肖，我便连声称赞，看得出来他受到了很大鼓舞。他越来越活跃，不但经常在群里发言，课程结束后，还主动联系我讨论论文写作，为他的论文提出修改意见。遇到上课不积极的同学，我还会私聊他进行鼓励，并在他回答问题时积极肯定，使得全班同学的参与度和积极性都非常高。

　　看着同学们的进步，我由衷地感到高兴。我常常跟同学们说，人文社科经典导引的小班研讨环节，能够极大地锻炼同学们的独立思考能力。不同于客观抽象的数理逻辑，人文社科偏重主观、感性，需要我们的情怀、想象力、创造力、独立思考和批判的能力。机械的记忆背诵于人文社科的学习无益，唯有以心以诚，才能领悟文字背后灼灼的智慧、情感与灵魂。

　　除了课程要求的任务之外，我还利用课余时间在群里内为同学们讲解学术论文的写作要求、与同学们分享我的本科学习和生活经验、回答同学们的各类其他问题等，并会主动询问同学们对我或者课堂的意见和建议。我回想起读本科时，并没有人能够告诉我这么多经验，很多经验都是我自己摸索出来的，所以我会尽力把自己的经验和盘托出。我感觉自己真的像是同学们的大姐姐一样，同学们也十分愿意和我亲近。

对于助教而言，这也是锻炼自己的好机会。通过本学期担任助教，我提高了组织和协调能力、沟通与语言表达能力、学习和思考能力等，这也是对内向的我的极大锻炼，令社恐的我迈出了一大步。由开始的紧张到后来的游刃有余，我付出了很多心血，也收获良多，在同学们精彩的讨论中我也学习到了很多，与同学们一起学习，共同进步。

"博雅弘毅，文明以止，成人成才，四通六识"，这是武大通识教育的夙愿，也是武大对同学们最美好的祝愿。第一次担任助教感想颇多，期待日后还能为更多的同学服务！

图 4-1　公共卫生学院和护理学院第 5 小班纵越同学穿着汉服饰演林黛玉

凡有所读，皆成人生

——人文社科经典导引课程助教有感

卢萃文　边界与海洋研究院 2020 级硕士研究生

一、初 识 助 教

偶然的一次机会，我看到了武汉大学通识教育中心发布的招募通识课程助教的推送。这调动了我的好奇心。我向来喜欢接触年轻的小朋友，因为总是能被他们身上的活力与生命力感染，觉得生活充满了朝气，但还从来没有接触过助教一类的工作，对自己站在讲台上这件事不免有些发怵。最终我还是战胜了胆怯，怀着试试看的心情提交了申请。

想在武汉大学成为一名通识教育的助教需要面临三重考验，第一轮是提交报名和基本信息，第二轮是为你所带班级的同学写一封信件，第三轮是上岗培训。撰写信件的准备时间很充分。而撰写的过程也是一个反思的过程，让我不断问自己，这门课的意义是什么，而我作为助教能为同学们带来什么样的帮助。非常幸运的是，我通过了第二场的考核，距离合格上岗只有一步之遥。

助教培训的内容很丰富，足见学校对这门课的重视程度，有教育理论知识，如何与同学们沟通的心理学知识，还有教你如何制作 PPT 的技术类课程，除此之外，李建中老师更是以自己的亲身经历，为我们言传身教。除了不关乎课堂内容外，培训的内容涵盖了成为一名老师的方方面面，完全是从零教起，即使是小白也不必担心。

二、困 难 重 重

1. 第一次站上讲台时的紧张

还记得第一次大班课由于不可抗力的原因导致错过了，于是我去旁听了其他班级的大班授课，希望能为小班研讨的指导带来一些经验。不过，虽然已经对授课内容有所了解，还在上课前做了 PPT，将每组的研讨作业都提前批改过并写下评语和发言稿，但第一次真正站在讲台上的时候，我的内心还是有些紧张。原因在于站上讲台的那一刻，你就成为班级的焦点，一双双眼睛都聚焦在你的身上。你的一举一动、一言一行都会被额外关注，不免担心自己说错什么话，做错什么事情。但是，这份注视带来的好处是，你能更加投入"老师"这个角色，因为大家的关注就是最好的催化剂。就这样，第一节课远比我想象中进行得更顺利。

2. 同学们的反应冷淡

由于担心和同学们不够亲近，一开始我便直接让大家可以随便称呼，叫老师也好，学姐也行。然而不知道是不是起了反作用——太过亲近反而导致威严不够，第一次课就有同学给我来了个"惊喜"。我通过查阅资料发现，有两组同学的研讨成果展示都是全部摘抄自网上，完全没有原创观点。不仅如此，他们的上课状态就是他人展示时玩手机，自己展示时读 PPT，一打铃就迅速撤离。对此，我既苦恼又生气，于是在课堂上并未指名道姓地批评了这两组同学，对做到了合格引用的同学进行表扬，并树立了规矩，禁止全文摘抄，否则将面临不及格的风险，此种做法才没有再次出现。

调动课堂的积极性是我面临的最困难的事情。害怕 PPT 展示的互动性不够，我在向其中增加了问答环节。在模拟辩论中，要求完全按照真实辩论的流程和时间要求，并按照对向座布置场地，尽量营造紧张的氛围。我不时在课上走动，在点评时联系大家的生活进行讨论，调动兴趣。经过这么多次的研讨课的实践，最有效的还是选取和同学生活联系紧密的议题这种办法，并且辩论赛是最能将这种氛围推向高潮的研讨方式。不过，这对老师、助教以及同学们的时间和精力都提出了较高的要求，很难保证每节课都做到如此。

3. 沟通上的不愉快

虽然已经积极地试图调动所有的同学的兴趣，但仍有部分同学在课堂上表现不够充分，甚至对小组研讨也是完全拒绝参加的态度，小组组长不时来向我投诉组员的消极怠工。最严重的一次，我几乎快要和有位同学吵了起来。他对于分到的工作完全采取被动的姿态，没有组长的提醒和研讨结果便完全罢工，导致最终展示内容和小组讨论完全不相关，全部是从网上摘抄的，而且对于我的询问也是极其不耐烦。不过，长达一个多小时的沟通最终还是换来了一份作业。在下次课中，我对他进行了额外的关照，不仅多次课堂提问，也尽量多点评，不点名地讲述个人工作对小组合作的重要性，也肯定他展示的可取之处。幸运的是，此种情况再未发生。

三、渐入佳境

接下来的几次课我开始习惯站在讲台上的感觉，也能感受到同学们对我逐渐接纳。最明显的例子是，同学们和我聊天的内容从和课堂无关的闲聊，逐渐变成了怎么更好地构思文章结构、怎么与其他小组成员沟通、如何改革研讨形式等与课堂有关的内容。更有同学主动联系我，希望能够在课堂上担任一定的角色。这些变化都让我感到自己的沟通是有效的。

最后一节研讨课带给我的惊喜是最大的，不止一位同学准备得非常充分。不仅能够快速地找到对方辩手的漏洞进行反驳，更是在辩论中使用了部分辩论的技巧。从内容上来说，也能看出他们对辩题的掌握非常充分，更充分体现了自己的思辨性。我感受到大家的潜力是无穷的，只要能充分调动起来，他们总能带给你惊喜，我想这也是做老师的乐趣所在。

四、圆满落幕

当最后一份论文批改完成时，这门课就真正意义上地结束了。回想和同学们一个学期的相处，有紧张、愤怒、惊喜、快乐、无奈……每一份情感都让这段经历独一无二。我不清楚每一位同学在这门课的收获是否达到了预期，只能从他们的表现与论文中窥见一斑。但我确确实实从这次助教经历中感受到了当老师的快乐，也在反思能否更好地为同学们提供帮助。不仅如此，虽已经结课，但我仍和部分同学保持着联系，能得到同学们的信任和接纳，成为他们生活中的朋友也是这门课带给我的一大收获。

五、结　　语

从同学们与自己相处互动的各种的反应中，能看出他们的性格和处世态度。在这个过程中思考如何结合每位同学的个性差异，最大化调动他们的潜力，并观察同学们的反应，是做助教最有趣也是最有挑战的事情。成为一名老师带学生真的是一件很有意思的事情！助教这个身份很合适，既有一定的威严，又不会和同学们距离太远。我认为这也使小班助教在教学中能够填补大班老师作用的空白。而且作为带班助教，我和同学们相处的时间和机会，某种程度上来说比大班老师还多。处在这个位置上，也不免对自己有更多的要求，来承担起这份责任。犹记得我们班第一次研讨的主题就是关乎《论语》中的师生关系的，那堂课上，大家讨论最多的就是孔子的因材施教与他对每一位弟子学业、事业乃至生活方方面面的关切。还有不少同学探讨了与现如今的师生关系的对比。虽然我没有参与到研讨中，但我在这节课的收获并不比研讨的同学少。而这一次次的课程就成了践行那些标准的最好体现。同样为人师表，孔子在两千多年前的做法时至今日仍历久弥新，闪闪发光，也同样激励我为靠近这些标准而努力！

在武大做助教是一种什么样的体验？

陈立豪　国家文化发展研究院 2019 级硕士研究生

在人文社科经典导引课程担任大班助教的这一学期中，我可以将个人感悟归结为三个关键词——"沟通""改变"与"收获"。在沟通方面，助教特别是大班助教兼具教师和学生的双重身份特征，是老师和学生、大班与小班之间沟通的重要桥梁。这也向历来扮演学生角色的我提出了重大挑战，助教和科研是性质完全不同的两项工作，科研需要的是研究能力，更关乎自我实践；而助教工作，需要的是跟人打交道的能力，需要的是怎么了解学生的需求，怎么满足他们的需求，让他们学有所得——而这恰恰是很多人所欠缺的。既然主动选择了这份工作，就要担起这份责任，主动做出改变。

在改变方面，第一重改变是人文社科经典导引在培养新生阅读经典的习惯的同时，也在督促我主动学习。我所担任助教的班级同学来自外国语言文学学院，他们大多在中学阶段就已经养成了阅读中外经典著作的兴趣习惯，而对于很长时间没有碰"课外"经典著作的我来说，个人的文学素养与理论知识储备就显得比较单薄，因此在我第一次参与小班课程时心里还有小小的不安。在实际的准备过程与课堂中，同学们的思考角度往往能补充我对原著的认知，而要了解他们的思考，就必须仔细看他们的准备材料与展示过程。因此助教的过程也是虚心学习、锻炼耐心、加强责任感的过程。现在我的内心已经少了刚开始时的不安，多了一分沉着、谦逊，不是因为我比大一的同学多懂多少经典知识，而是因为对我而言，助教是一份审学、思考、改变的良性循环，心态摆好后，期待着涓涓细流般的收获。

第二重改变是担任助教的过程是由学生转变为授业解惑者的重要转变过程。通识教育本身是一个自上而下的理想概念，情怀有余而缺少操作意义。对于绝大多数本科学生来说，核心课程究竟能提供什么实际价值、起到什么实际作用（而不仅仅是泛泛而论的"自由无用"），这是施教者（学校机构、任课老师、助教）必须反思的问题，也是吸引大多数学生、维持和激发其学习热情的关键。这点在小班研讨中体现得尤为明显。我所担任助教的班级学生是 2021 年刚刚入学的本科新生，初入门径的本科学生一开始往往只能对别人东西进行归纳或者摘录，然后照本宣科读出来。在这个意义上想要求学生做出自己的思考、对话，几乎是不可能的，因为讨论的对象来源于一本本经典，和他们自己现实的生活世界不相连。作为助教，此时可以尽量将主题朝具体化方向引导。通过这种具体化，把本来比较抽象笼统的主题，与每个人都能切实接触到的现实生活里的思想材料联系起来，引导学生进入有话可说的状态，用自己的头脑去思考，用自己的语言来表达。一言概之，先有"自己的意见"，才可能有"不同意见"，而在不同意见的碰撞中，才会出现讨论争辩的空间，才能激起热情和主观积极性。经典阅读的魅力，恰恰是要带着自身的理解参与到作品中，与作者展开对话，尝试着去理解一种异己的理解，把握作者在字里行间传达出的信息，在细致入微的比照中体会不同理解折射出的差异。或许，最重要的是那些和大家一同研讨的时光，它们是这个任务繁重的学期里最美好的回忆。

第三重改变是在期末协助老师批阅作业的过程中，26 位同学的期末作文花了我整个元旦假期的时间，平均每份作业半个小时。期末作业不是选择填空问答这类客观题，面对开放的题目、同学们不同的选题以及思考角度，我需要一边批改一边严格遵守给分标准，尽可能维持合理和公平。巨大的体量和复杂的思想架构，也给助教提出了巨大的挑战。除了一遍遍地阅读、熟悉文本的分析框架和论点论据，还要借助相关的引用文献，理解他们的分析方向和讨论重心。不过，这些努力都是值得的。经过与 26 位同学的作文"交流"，我对于这学期所学的经典有了更深入的了解，对于一些关键文本的解释，也有了一己心得和体会，甚至慢慢摸索到了适合自己的读书和思考的路径。如今，书籍里生活的人们不再是模糊的暗影，他们的思想与灵魂、思考与批判，都从文本中涌现，变得清晰而生动。

我很感谢学校给我这个机会与平台，因为助教工作所需的沟通与改变创新能力本来也是研究生乃至未来社会工作的必备素质，这次的助教工作刚好给了我一次学习与锻炼的机会，适应自己的身份从学生过渡到科研工作者，也算是为未来科研做准备。

三人行，必有我师焉

岳炯彤　中国传统文化研究中心 2019 级硕士研究生

今年三月份我担任了助教组长，想起第二次担任带班助教的时候老师还问我要不要担任一次组长，我担心能力不足、难以胜任就婉拒了。今年我就鼓足勇气体验了一把助教组长。组长的活其实不累，更多的是精神上的紧张，要及时和大班老师沟通，要把通识中心的通知向其他小班助教传达，要及时回复班级同学的问题。

现在回想起第一次上卢丽珠老师的小班研讨，我想学生们和我的新奇是一样的。卢老师的第一节课是组建班集体，她带来了很多卡纸、蜡笔，让我给每位同学发一张卡纸，每个小组一盒蜡笔，然后每个同学在自己的卡纸上画画，一分钟后传给小组的下一个人，大家互相把彼此的卡纸都画满，最后给自己的画作命名，请几位同学上台介绍一下画作。这还是我第一次见到别开生面的小班研讨开班仪式，在轻松活跃的氛围中，很多同学都自愿上台介绍自己的画，课后大家都把画分享到了班级群里，同学们的画都非常有趣。和卢老师的相处非常愉快，她还鼓励我也上台演讲一次。在一次小班研讨上课之前，我先在她面前演练了一次，她说非常好，但是实际演讲的过程中我因为紧张，几分钟就说完了。讲完之后，我不禁感慨这些同学们动不动就讲个十五分钟的汇报实在是太厉害了。

吴青老师是一个非常活泼的老师，她在课上总是妙语连珠，会有很多生动形象的故事来吸引同学们，同学们也都很喜欢她。有一天，班上一个男生展示结束后，吴青老师给了他很多中肯的建议。让我意想不到的是，课后这个男生特意找到吴青老师，感谢她给予自己的这些建议，还请教她如何精进自己的演讲水平，吴青老师就又给了很多针对性的建议。那位学生的感谢让我意识到有时候对学生的严格，反而会促使他们变得更加优秀。

在担任助教的过程中，我也曾去旁听过一次弘毅学堂哲学院同学的小班研讨，他们的研讨更有深度、有内涵，学生和教师都在很专注地对一个问题展开谈论，结束的时候我感受到精神的洗礼、灵魂的升华。

一个学期的课程马上就结束了，那些学生们课堂上讨论的穿越历史迷雾的问题，能够轻而易举地将你带进沉思的境界，无关世俗，无关风月。教师在上大班课之前需要经过辛苦的备案，学生在展示之前需要查阅大量资料，助教在课前和课堂学习，从教师到学生都在不断学习。祝愿我们的人文社科导引课程越来越好，有更多的学生和老师能够感受人文的熏陶。

通识征途中的航行者

张斯婧　教育科学研究院 2019 级硕士研究生

2021 年秋已是我从事人文社科经典导引助教的第三学期，在这三学期里，我有幸跟班风格各异的优秀教师们，也接触到了不同专业的同学们。与大一新生一同上课让我燃起对人文社科的热爱，各种不同观点和批判性思维让我惊喜，也开阔了我的思路见解，每次研讨感觉自己也永葆活力，也许这就是通识教育的魔力！下面我将从助教工作的所做、所见、所感来分享我的助教之路。

01　初邂逅——带班助教

每学期"武大教发中心"与"武大通识教育"便会发布招募通识课助教的推文，分别是弘毅英语、大学物理、自然科学经典导引与人文社科经典导引，而后两门课需要一定的学科基础，本科就读人文社科类专业的我也就申请了人文社科经典导引的助教，并开启了长达一年半的助教之旅。

第一学期初次担任便是资源环境学院的带班助教，当时的心情无疑是兴奋又忐忑的，在按照助教手册要求完成小班分组、学习通搭建等内容后，我也对教材和题目进行反复研读，最后选择了贴合资环专业实际，又能引发学生思考和激发学生兴趣的话题。

由于小班探讨每个班只有 20~30 个人，多数采用的智慧教室，网络设施配套齐全，所以同学们的参与积极性远比我想象中的高，四种研讨形式（PPT 展示式、学术会议式、学术辩论式与艺术呈现式）融会贯通了八次小班研讨，各有其独特的魅力，每一次研讨都是不同思想的碰撞，让我印象很深刻的是希罗多德《历史》的小班研讨，同学们结合自己家乡的风俗探讨"风俗是否有高下之分"的话题，来自不同地区的同学们既分享了自己的成长环境，加强了彼此的了解，又在想法的碰撞中不断树立正确向上的人生观、世界观和价值观，培养了批判性思维，完成了个人的成长。

带班助教在遵守《助教手册》的同时拥有充分的自主权，除了每次对学生展示都给予了一一反馈或小组反馈，我也针对集中出现的问题课后加时辅导，如怎么样做好 PPT、怎么利用武汉大学图书馆查找资料、怎么打好辩论等。期末作文在"跨越千年"的对话里，学生们各抒己见，运用名著对初入象牙塔的困惑，孤独或者迷惘的心绪进行了梳理，利用经典的力量对当下生活进行反思顿悟，得到启示，也许这就是通识教育的"无用之大用"。与此同时，助教的第一学期，我也深刻领悟到"教学相长"的精神，从教材中，从课堂中，从学生身上学到了很多，自我的知识结构也得到了完善。

02　再续缘——助教组长

连续两个学期，身为老助教的我深受通识教育中心信任，担任了城市设计学院、基础医学院助教组长一职，助教组长除了日常跟随大班授课老师做好大班课堂签到、小班通知发放和日常管理工作外，还担任着大班教师与小班教师、助理助教的沟通桥梁，上传下达，保持良好沟通与反馈的责任。

这两学期里，除了对知识的巩固和完成助教工作，我也能更为全面地掌握学生的参与状况，跟随经验充足的大班教师学习如何带领小班研讨。2021 秋我们班的主讲教师是余婉卉老师，除了深深被余老师的讲课风格、思路才华折服，在小班研讨里也学到了很多教学管理技巧：比如余老师会给每位同学做名字铭牌，拉近大家交流的距离；在讨论环节问题过难时会简化成与学生自身专业或者生活实际更贴合的问题；教学评价多用鼓励性评语，让学生们能随心所欲地说出更大胆的想法等。

作为助教组长，我也会经常和学生交流并进行面对面指导，特别是学习通得分较低的学生，为她们解决问题，尽力协助主讲教师引导学生成长成才，耐心解答学生课下的所有疑问。在学生的结课论文中，我发现学生们从最开始不知如何做好 PPT，有逻辑地展开讨论，到如今的形成"解析概念""寻找论据""联系自身专业和生活实际"的缜密思维，不禁再次感叹人文社科经典导引作为大学基础课，对学生的帮助不仅体现在知识上，也体现在能力与情感上。

03　自 我 提 升

由于自己出身于教育学类专业，研究方向是通识教育，除了担任助教参与课堂教学，我也加入了通识协会，遇到了很多志同道合的本科生小伙伴，大家由于对通识教育的兴趣和热爱相聚于此，在繁重的课业学习中，在内卷的考研竞争中，协会的同伴们仍会挤出时间参与通识大讲堂、真人图书馆等活动，我想除了职责所在，这也是通识教育的魅力：专业学习固然重要，但通识教育能让学生更好地适应社会，为学生身心的健康发展奠定基础，从非职业教育的角度来促进学生全面发展。是成长与课业中必不可少的环节。

图 4-2　基础医学院 2021 级 1 班 1 小班《行至汉北遇知音》情景剧

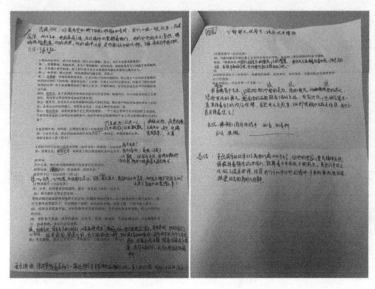

图 4-3　《行至汉北遇知音》剧本

在这里，我有了一定程度的自我提升。在负责"武大通识教育"公众号的运营，协助发布推文的同时，我也全程参与每期通识教育大讲堂系列讲座，并负责通识课程教师专访、助教专访等栏目，对"武大通识"及两大导引有了更充分的认识，并尝试将所获得的经验更好地运用在助教工作中。

"珞珈山上好读书"，武大通识教育三十多年来如一日坚持"成人"统领"成才"教育，教师们以实践落实以"人"为第一关键词的大学通识教育，与本科生们的灵气和活跃思维相互融合，与助教的认真和细致工作相互促进，三方皆为征程途中的航行者，无论人格养成、能力提升，还是通专相融，教学相长，三者在其中均不同程度地受益于其中。

有道者得，无心者通

陈金枝　经济与管理学院 2020 级硕士研究生

　　不知不觉珞珈山上的又一个学期结束了，从夏天到冬天，人文社科经典导引这门课程的结束意味着我终于不用再勤勤恳恳地做一名早八人了，但是结束的时候竟然有些惆怅和不舍，在最后一节小班研讨课的末尾对我的小班同学赠送了朴素的祝福："祝同学们都能在珞珈山学有所成，越来越好。"希望这个祝福能在每一位同学身上得到体现。下面我想聊一聊这一个学期以来担任人文社科经典导引课程助教的心得与体会。

　　在助教培训之后的分班环节，由于小班老师数量不足以配备每个班级，我荣幸被分成了一名带班助教，也就是说，从研讨前研讨任务和 Quiz 的布置，到研讨过程中对课程时间、研讨流程和研讨内容的控制，再到最后的研讨总结，全都将由我一人来负责完成。第一次的小班研讨课是关于希罗多德的《历史》，我深知自己身上的责任重大，虽然已经做了充分的准备，但在第一次小班研讨课开始之前内心还是充满了紧张和慌乱的情绪，很快，同学们的热情和配合安慰了我，让我有勇气也有信心能够完成接下来每一次的小班研讨。

　　随着课程地不断推进，同学们的表现也愈发优异。令我印象最为深刻的是关于《论语》和《坛经》的小班研讨课：

　　论语的研讨主题是"选取孔子人生经历中的某一段（或某一场景），通过表演的形式再现出来，并解释其中的价值内涵"。班里的第二小组同学选取了孔子被围于陈蔡之间的场景。从外在的呈现来看，他们的展示引入了音乐、配音等方式，同时很好地利用了教室的一系列道具和场景，通过人物对话的形式，准确地把握住了孔子、子路、颜回等人物各自的特点。同时，在表演过程中各个演员也相当投入，演技精湛，给人以很强的代入感，尤其是扮演孔子的马同学，大段的古言对白经他之口却不显晦涩，而是让人沉浸其中。从价值情感的传递来看，这一片段生动地展现了孔子的个人品德和教育思想。身处危难之中，孔子不轻言虚无缥缈的大道理，而是通过自己的一言一行，于悠然的抚琴中，于平静的话语中，显露出内心的从容、淡定与平和；同时，他对于弟子也是这般不疾不徐，循循善诱，通过"问仁"的方式加深他们对于人生天地的了解，以身作则教会他们如何面临困境。

坛经的研讨主题是三个问题："1. 就神秀与慧能的两首偈，谈谈你对执着与超越执着的理解。2. 慧能说：'法无顿渐，人有利钝。'结合自己的学习经历，谈谈你对"顿悟"和"渐悟"以及二者之关系的理解。3. 慧能说：'愚人智人，佛性本亦无差别，只缘迷悟，迷即为愚，悟即成智。'如何理解慧能说的愚人和智人的区别只在迷悟之间？"这三个问题每一道都不好作答，乍一看就会给人一种"不知所云"的感觉，何况三个问题放到一起。但是第一小组的同学给出了优秀的解答。针对三个问题他们将研讨内容分成了三个部分，分别选择了三则禅宗故事作以呼应：枯者由他枯，荣者任它荣；丹霞燃木佛；风动、幡动、仁者心动。通过表演的形式将三则小故事的内容展示在课堂上，内容完整，主题契合，由此可见他们的心思巧妙；同时这种情景式表演大方自然，有种趣味与深刻兼具的效果。除了我列出的这两次研讨之外，每一次的小班研讨同学们都能给我惊喜，逐渐地让我也开始对每两周一次的小班研讨课有了期待，看着我的学生们精彩的研讨展示，他们的乐观和积极向上，眼里的光和绽放的笑颜不禁让我也有种重回本科的感觉，时隔许久找回了18 岁的那段记忆。

撇开小班研讨课的收获，大班课也给我带来了诸多启发，爱因斯坦说："如果一个人忘掉了他在学校里所学到的每一样，那么剩下来的就是教育。"人文学科可以帮助我们欣赏和发现世界上几乎所有事物的意义，而社会科学是社会发展的基石，可以给人看待各种社会问题提供一个批判性和开拓性的视角，透过这个全新的视角，我们能够了解到社会现象背后的逻辑。作为普罗大众默认的"无用"的学科，人文社科却能透过表层现象直达本质，为我们思考问题的方式打开一扇全新的窗。

在第一节小班研讨课的开始，关于如何学好这门课程，我在小班中为我的学生朗读了如下三点建议：第一，打好理论基础至关重要。忽视基础理论研究，对应用研究重视过度，是当前人文社科研究中存在的普遍现象。在一学期时间里去完成 12 本经典著作的全篇阅读，并消化吸收是很困难的事情，同学们不应该停留在表面，应当在方法论层面多进行思考，逐渐形成自己的一套系统全面的研究方法。第二，紧跟时代的脉搏。经典中的思想不是凭空而来，而是作者们在生活实践中有感而发，逐渐形成最终凝结成的。在重视理论的同时也不能忽视应用，可以针对社会中的热点问题，运用自己掌握的理论知识来尝试解释和分析社会现象的发生，多思考多运用，只有面向问题，理论结合实际，才更方便于解决问题。第三，广泛阅读人文社科经典书籍。"书读百遍，其义自见。"同学们应当自觉锻炼和培养自己的阅读能力，养成阅读人文社科经典书籍的习惯，提升自己的阅读素养和阅读质量。这一个学期我也始终按照我对同学们的建议来严格要求我自己。通过近距离的阅读经典，走进经典，认真感悟经典，我逐渐能够透过一个全新的视角看待世界、看待人与人之间的关系、看待自己。

最后想说，本学期被叫作老师的助教生活会是我人生中很难忘的一段记忆，衷心希望每一名珞珈学子都能多些尝试，去体会不曾做过的事，更希望大家在经典的熏陶之下不要成为"精致的利己主义者"，而是真正成为一名知世故而不世故的优秀青年。

一片冰心在玉壶

陈思琦　文学院 2019 级硕士研究生

2021 年的春季学期是我第二次担任人文社科经典导引的助教，从小班助教，到大班助教，再到评为优秀助教，从只能上手到协助老师管理教学任务，我有一些摸索，有一些成长，但更多的，我想，是成长。

我所担任助教的人文社科经典导引是学校的公共必修课，主要针对学习理工科的本科生。在开课之初，我有一个疑问，怎么向理工科学生普及人文课程呢？我所学的方向是古代文学，具体的专业是先秦两汉文学，在学习的过程中我自己尚且感到艰深，对于一些跨科文理的学生，人文学科可浅可深，如何做到深入浅出呢？

带着这个问题，同样抱着初学者的心态，我基本上每一次大班课和小班课都参与了，我感受到一点，如果想做到深入浅出，必须调动学生的积极性。在高中阶段，很多理科生都存在一个问题，那就是不重视文科的学习，认为文科"没用"，在课上写作业、处理其他事情已经成为常态。那么在人文导引课程上，会不会有这种情况呢？说实话，一开始我是担心的。但我发现，在我担任助教的班上，尤其是小班讨论的时候，大家参与的积极性都很高。在以小组为单位展示成果时，老师、助教对于他们准备的内容会不断抛出问题，引导学生思考，这样一来，准备的小组的神经就会"紧张"起来，一"紧张"就会思考，思考的内容多了，学生自然愿意发言分享，这样就容易擦出火花，学生能学到东西，老师也能体会到教学相长的乐趣，这可能就是组织课堂的智慧吧！

学校普及人文教育，这样的手笔，我也是十分钦佩的。人文学科贵在思辨，有人说人文学科就是风花雪月，我想这是过于浅薄了。老师带领我们学习《史记》《红楼梦》《论法的精神》，大浪淘沙，这些写都是人类精神的结晶，我们去读孔子、庄子、项羽、孟德斯鸠，认识这些高贵的人，我们也会变得高贵。我们周围的老师，大多待人真诚，说话严谨，不禁想到开学之初听讲座，一位老师讲述了他如何"逆袭"成为"985"博导的经历，十分真诚，让人久久难以忘怀。言传身教、治学、做事，这是我们从老师们身上学到的，这种"玉壶冰心"的传承，我想也是人文学科的传承吧！

助教是一场修炼

吴乐艳　信息管理学院 2020 级博士研究生

与人文社科经典导引助教工作结缘于 2019 年的秋天。记得那是从同门师兄口中得知助教岗位招聘的消息，他说这门课不仅可以提升自己的文化素养，与学生交流的过程更是一场心灵奇旅，会让自己受益匪浅。我怀着试一试的心态报了名，于是开始了自己的助教之旅。

第一级：忐忐忑忑带班助教

顺利通过助教培训，有过别的课程助教经验的我被意外任命为带班助教，也就是要独自一人担当组织一个小班进行研讨的重任。当时内心除了忐忑还是忐忑，毕竟第一次接触这份工作，生怕自己出了差错，生怕自己不能很好地引导学生展开讨论。好在当时的助教组长很耐心地指导我们，咨询问题时总是有问必答，也给我树立了很好的榜样。在助教每学期轮换的模式下，老助教对新助教的指导尤为重要。

很快到了第二周小班研讨的环节，工欲善其事必先利其器，为了保证小班研讨的顺利进行，我做了很多准备工作，首先当然是熟悉研讨题目相关的内容，对于这一点，我查阅了研讨题目相关的材料，准备了一些可以激发同学们讨论的小话题，以防在研讨过程中冷场。其次是在研讨前一天收集好学生的准备材料，一来可以督促学生按时完成小班研讨准备工作，二来自己提前熟悉大家讨论的内容，在课堂上能做到游刃有余。很快到了上课时间，怀着激动的心情走上讲台，感受到大家热情的眼神，紧张的心也慢慢地放松下来，具体细节已然记不太清，只记得课堂进行得很顺利，这也给我之后的工作开展打了一针强心剂。

小班助教是小班研讨顺利开展的关键，在研讨过程中会发现有的同学能言善辩，所以在展示和自由讨论环节常常都是发言代表；而有的同学则偏向于沉默寡言，虽然也有自己独到的观点，但几堂课下来发言的次数寥寥无几。观察到这种现象后，在后续的课堂上，我会着重关注较少发言的同学，并适时主动地"点名"以鼓励同学发言，最终八堂研讨课下来，每位同学都能得到发言的机会。

时间过得很快，在一堂又一堂的研讨课中，我与学生们的距离也渐渐拉近，最让我惊喜的是，有一次小班研讨课正值圣诞节，下课时，竟然有学生给我糖果，虽然只是小小的糖果，但我觉得这其间蕴含的是他们把我当作朋友对待的心意，顿时心生暖意。

很快一个学期过去了，小班助教工作教会了我很多，让我实现了从 0 到 1 的蜕变，我从中收获了一群学生朋友，也坚定了继续从事助教工作的决心。

第二级：游刃有余助教组长

助教身份的转换就跟打怪升级一样。经过一个学期小班助教工作的磨炼，第二个学期，我主动报名了助教组长工作，一来看到报名组长的助教不多，但是工作总需要有人承担的，二来想趁此机会挑战一下自己。

带班助教面向的是一个小班，而助教组长面向的是整个大班，工作确实烦琐很多，在正式上课前就要做好很多准备工作，比如联系大班老师和其他助教、对班级学生进行分班、建立课程 QQ 群等，一开始还有些手忙脚乱，但是梳理清楚工作内容之后就能轻松应对了。

到目前为止，我担任过三次助教组长，但每次经历都很不一样，第一次尤为特殊。那是 2020 年春季，也是受到疫情影响的第一个学期，由于疫情仍在肆虐，学生不能返校，所有的课程都改为了线上开展。第一次遇到线上上课的情况，给我们助教和老师们都带来了很大的挑战。在确定好上课班级后，我第一时间与主讲老师取得了联系，然后就是不断跟老师探讨和摸索上课的细节，包括大班课用什么平台签到、用什么平台授课，如何保证线上教学的效果、提高学生的参与度等。

最为重要的是小班课的开展。由于线上不能及时看到同学们的表现，交流也没有那么方便，另外还可能受到网络条件等方面的影响，为了保证小班研讨的顺利进行，我跟大班老师对小班研讨的规则和流程进行了详细的制定。考虑到整个小班同学的交流讨论没有那么方便，因此第一节小班课安排同学们在各自的小组群进行自由讨论，我和老师会各自进入一个小组群进行旁听。在第二节课，每个小组派代表进行展示，另外为了更好地促进同学们的讨论，在选题时我们尽量每两组同学选同一个选题，并要求持同一个选题的两组同学互相提问交流，实施后发现这样确实能够激发同学们的探讨欲，碰撞出思维火花。

随着课程的进行，这次特殊的线上授课也接近尾声，虽然在这个过程中遇到过很多麻烦，但也正是这一个个麻烦，一件件烦琐的事情，让自己各方面的能力都得到提高。

修炼中前行

回顾这两年的助教经历，自己收获颇丰。首先是大班课上每学期 4 部中学经典和 4 部西学经典的学习加深了我对经典内容的理解，扩充了我的知识储备。其次是小班研讨课上，学生们一次次精彩纷呈的展示，一个个独特的观点，不仅让我眼前一亮，也启发我从不同的角度思考问题。最后是在与大班老师、学生、其他助教沟通的过程中，自己与人沟通交流、处理问题的能力也不断提高。此外，在工作过程中结识的每一位老师、每一位学生、每一位助教都将是人生中的宝贵财富。

总之，助教工作对于自己来说是一场修炼，在修炼过程中自己不断收获，不断成长，这场特殊的修炼将在我的研究生生涯中画上浓墨重彩的一笔。很感谢通识中心给我们提供的平台，也希望每一位助教都能在工作过程中克服万难、不断成长！

从学生到老师：记两年通识助教经历

谢名会　历史学院 2019 级硕士研究生

时光飞逝，如白驹过隙。在 2019 年 8 月的时候，我刚刚成为一名武汉大学的硕士研究生，收到了通识中心招聘助教的通知。9 月，我很幸运地通过了筛选，成为了一名人文社科经典导引的助教。2021 年 6 月正式卸任助教工作，我已担任四个学期的武汉大学人文社科经典导引课的助教。四个学期的时间，对于很多人来说是比较漫长的，但对我来说，在担任助教的这四个学期里，感觉过得实在太快。助教这份工作带给我的不只是每个月八百元的酬劳而已，它带给我更多的是人文知识与课堂组织的技巧，这将是我人生中更宝贵的财富。

助教工作，正如石兢教授在助教培训课上同我们说的那样："助教有双重身份，既是教师，又是学生。"诚然如此，在听大班老师授课的时候，我是老师的学生，折服于大班老师的亦庄亦谐、妙语连珠地授课，惊叹于人文经典的深邃思想；而在小班讨论课上，我又摇身一变，成为了一名老师，带领着比我小四五岁的同学们进行小班讨论，同时需要我进行组织课堂，主持发言。

每次在人文社科经典的导读课上，我都能从大班老师的解读中，领悟到所阅读的人文经典的魅力。在人文社科经典导读课上，尽管自己的认识仍然比较浅薄，但我可以从儒家经典《论语》中感受到孔子天下大同的"仁"；从道家经典《庄子》中感受到庄子自由的天性；从佛家经典《坛经》中感受到慧能大师顿悟的智慧。我也能在《史记》的文字中感受"究天人之际，通古今之变，成一家之言"的太史公所怀揣的使命感；在《文心雕龙》的理论体系中感受文学之美该有的博雅；在曹雪芹的《红楼梦》中感受宝黛之间的爱恨情仇。或许也能与希罗多德、苏格拉底、柏拉图、席勒等人神交，和希罗多德聊一聊这两千多年来世界的历史，与苏格拉底和柏拉图探讨生命的意义，与席勒重新定义一下审美与游戏。或许也能通过经典与孟德斯鸠、亚当·斯密、罗尔斯等人对话，与孟德斯鸠讨论制衡政体有什么缺点，与亚当·斯密探讨理性与正义的问题，与罗尔斯谈论正义怎么才能得到保障……

　　每次在小班讨论课上，我也惊叹于同学们的奇思妙想，感受到十七岁的少年们与人文经典大师们思想的碰撞。在形式多样的小班研讨课上，同学们发挥着自己的聪明才智，表现出他们对人文经典并不肤浅的解读：在学术讨论的形式中严谨地表达自己对经典的领悟，在简单辩论的讨论形式中显露自己思想的锋芒，在情景剧展示中展现自己导演与表演的天赋……四个学期，32 次小班讨论，不论是疫情期间的线上讨论，还是恢复正常后的线下讨论，同学们都精心地准备，讨论课上踊跃发言、积极互动，不少的同学发言还富有思辨性。我想，通过人文社科经典导引课，武大的同学们肯定都会是富有人文精神的学子。

　　我的职业理想是未来成为一名老师，助教的经历让我学习到太多。四个学期以来，四位大班老师，张申威老师、吴兆丰老师、卢丽珠老师、李松老师，他们知识的深邃与广博令人折服，对人文经典的解读令我受益匪浅，他们对学生的关爱也是我作为一个助教真切感受得到的。同时，还有如刘茜老师、张培老师等小班老师以及王霞、闫鑫淇等助教同学，他们都尽职尽责，一丝不苟，十分有敬业精神，在我担任助教组长的时候全力配合，圆满地完成了四个学期的助教工作。同时，经历了四个学院的四个班级，与接近 300 个学生交流，这也大大锻炼了我的课堂组织的能力，控场的能力，主持课堂讨论的能力……助教的岗位让我收获得太多，如果有同学未来的职业规划是成为一名老师，那么成为助教或许是非常好的选择。

　　最后，我很感激本科生院、通识中心、教发中心以及张申威老师能给我成为助教的机会。愿每位武大学子都是一位有着人文关怀，拥有人文素养，知道如何成"人"的国之栋梁。

人文导引伴我前行

郑　翔　信息管理学院 2018 级硕士研究生

2019 年的暑假，一个偶然的机会，我看到了通识中心发布的助教选拔通知。随后，通过个人自主报名、通知中心选拔，我很荣幸地进入助教行列。在为期五天的助教培训后，我了解了助教的具体作用、工作任务和常规教学方法，并且取得了助教资格证，正式成为了一名人文社科经典导引课程的助教。

还记得开学前，在给同学们的信中，我写到"开卷有益，我们读过的书和受过的教育会深深根植于我们的灵魂中"。而提升自身文化素养和知识水平，正是我报名助教的原因之一。作为一名研究生，尽管科研压力相较本科期间有所增加，但我始终认为，在科研之余，自己应该抽出时间，全面地提升自我。而阅读经典，从不同类型的经典中汲取养分，正是提升自我的绝佳途径。但面对浩瀚的书海，读什么、怎么读，仍然是无法避免的问题。而人文社科经典导引这门课程，则能够解决这个问题。课程中所选的经典，涵盖古今中外，且以专题形式呈现，更具可读性和可理解性。这正好使我能够有目的、有规律地阅读和学习。

后来，担任助教的过程中，我有机会近距离地同授课老师接触，在老师们的带领下，阅读了各类中西经典名著，拓宽了个人的知识面。老师们通过浓厚的知识积累与易懂的语言表述，深入浅出地帮助学生们梳理了经典的逻辑与内涵，也让我对课本中所涉及经典的内容有了更为深刻的理解，有助于我组织小班研讨、与学生沟通交流。而在准备和组织研讨的过程中，我通过扩展资料查阅和研讨内容交流，对所学经典内容的背景有了更加广泛的认知，也更能够体会经典内容的深层含义。而这些是我无法仅仅通过阅读书籍或者论文得到的。只有通过这种经典阅读、名师导学、课下准备和组织研讨的全过程，我们才能获得知识积累和对经典认知的提升。

此外，另一个报名助教的原因，则是我想提升自己的组织能力和管理能力。不管是担任小班助教，还是担任大班助教，我都在这个过程中学到了很多优秀的教学方法，积累了丰富的教学经验。作为小班的带班助教，我需要组织小班研讨、带领和帮助同学们深入理解课堂知识；而作为大班助教，我则需要协助大班老师进行大班授课、管理大班日常事务、辅助大班老师收集课程资料、辅助大班老师与小班老师进行沟通、协助大班老师进行小班讨论、管理并帮助小班助教和助理助教、促进老师与学生加强沟通交流等。在这一过程中，通过组织小班研讨，我在与学生互动过程中充分提升了自身的组织能力与协调能力，感受到了学生们身上的好奇心与热情；通过与小班老师沟通，我学到了与学生相处的经验；通过小班助教交流，我掌握了班级的学习情况，学到了不同的研讨经验。我也越来越感受到：担任助教是我不断突破自身、提升自身组织能力和管理能力的绝佳途径。

在担任助教的过程中，发生了许多难忘的事。其中，让我印象最深刻的事情有两件。一是我第一次组织的小班研讨。尽管前期已经进行了课程设计，也完成了组织和准备工作，自我介绍、开场白和衔接语密密麻麻写了好几页，但是临上台之前，我还是觉得很紧张，生怕自己说错话，影响同学们对课程的体验。好在一切进行得还比较顺利，这次小班研讨课没有出现什么差错，同学们也积极地参与了研讨过程。后来，在组织了多次小班研讨之后，曾经的紧张与忐忑已不复存在。但我仍然记得当时的场景和画面，记得自己曾经对组织研讨的敬畏，而这种敬畏心也不断提醒着我，要认真对待助教工作。二是在疫情期间和卢丽珠老师一起制作视频。那时新冠疫情席卷全国，大家只能在家里上网课，校园里也不复往日的喧嚣热闹，樱花也没有遇见往年熙熙攘攘的人群。当时卢老师的同事拍摄了校园风光的图片和小视频，我运用自己不甚熟练的技术将它们剪辑在了一起，制成了视频，并由卢老师选择并在班里播放。在当时的环境下，大家都很想念珞珈山的一草一木，这样的课程设计缓解了大家的思珈之情，让我觉得这是一门很有温度的课程，也让我对个人、时代和历史进程的关系有了更加深入的理解。

而在担任助教的过程中，我也发现了自身存在着一些不足之处（例如研讨时间把控上有待提升等），并在实践中努力自我完善与提升。通过与老师、助教和学生们的互动，我不断加强了自己对经典知识的把握、持续增强了与人沟通交流的能力、也累积了丰富的带班经验，并认识到：学习是永无止境的，自己仍需要不断提升个人教学水平、专业知识与组织能力。

总体来说，担任助教是我非常宝贵的一段经历。非常感谢通识中心提供的这个平台，使我能够锻炼自身水平、提高自身能力。助教岗位的设置为我们积累了丰富的经验，有助于我们更好地成长，特别是为今后要走向教学岗位的同学打下了坚实的教学实践基础。也特别感谢团队中的每一位授课老师，正是你们的辛勤付出，才令这门课程如此有魅力，才让我能够收获精神和能力上的提升。感谢遇到的助教朋友们，从你们身上，我学会了更好地跟老师和同学们相处，也学会了如何成为一名更好的助教。也感谢遇到的同学们，与你们一同学习的过程非常珍贵和美好，是你们让我明白了教学相长的含义，大学时光不可再得，希望你们能够珍惜这些读书的光阴。很幸运我能够在读研期间有这样的体验，这些经验将成为我的宝贵财富，伴随我一路前行。

助教工作中的收获与成长

王建军　质量发展战略研究院 2019 级硕士研究生

与人文导引助教"结缘"

能够担任人文社科经典导引的助教完全是机缘巧合，在和朋友一起学车的过程中我才对这一课程有所了解，在我读本科的时候并没有开设这样的通识课程。以"人"为第一关键词的武汉大学通识教育课程逐渐吸引了我，为了弥补这一遗憾，我就开始蹭人文导引的课程。2020 年暑假的时候，我抱着试试看的心态参加了助教培训。当我得知自己将成为资环院 2020 级本科新生的助教时，内心还是很激动的。但是新的问题又摆在了我的面前，如何与"00 后"们相处，如何做好一个助教，都成为影响我继续前进的因素，而在两个学期的助教工作中，这些问题都迎刃而解。

在助教工作中的经验

根据以往做助教的经验，要成为一名优秀的课程助教，需要对本门课程的教学宗旨和课程安排有充分理解和掌握。但考虑到人文导引试行 1：1 的"大班授课、小班研讨"模式：即前一周用"大班授课"的形式解读一部经典，后一周用"小班研讨"的形式讨论该部经典及其相关论题，作为助教还需要对中学与西学的十二部经典有所了解，在认真听取大班老师的授课和自身做了深度理解后，才能在小班研讨中游刃有余，这些工作拓宽了我的视野，对"博雅"也有了一定程度的认识。在担任两次助教期间，分别在鲁小俊教授和文建东教授的班级中担任助教组长。在"大班授课"中主要工作有协助教师完成教学任务，包括随堂听课、大班授课前敦促学生预习、大班课堂签到、分发资料、收集作业、建立自己所负责班级的 QQ 群，及时发布课程信息等任务。在"小班研讨"中主要负责制定小班研讨细则、小班研讨分发相关材料、收集学生研讨材料、主持课前 Quiz、课后完成小班研讨评价、学期末收集学生论文、完成成绩录入等。除此之外，因担任助教组长，还要负责班级其他助教的管理与协调，包括为助教提供小班研讨材料、收集助教评语、完成助教签到、与其他班级助教交流、完成通识教育中心其他相关安排。

担任人文社科经典导引助教工作，给予了我丰富的工作经验。与学生快速熟悉起来，了解学生对于课程的想法与需求是小班研讨中重要一环。面对不同专业的学生，要有不同的学习引导方式，最大限度地激发学生们参与课程的热情。与此同时，要采取适当的奖励措施，让每一位同学都愿意花费课外时间来细致研读经典，认真准备小班研讨。在小班研讨课前，一定要制定合理而详细的研讨流程，才能保证小班研讨的顺利开展，所以在每次小班研讨前，我都会根据小班老师的教学任务制定本次小班研讨的上课指南，并提前发放给学生。在上课指南中包含本次小班研讨题目、流程、要求、注意事项和人员安排等信息，让老师和学生都能一目了然。作为助教应当不断提升自身的使命感和责任心，助好每一堂课，教好每一位学生是助教的工作职责。在助教工作中一定要学会换位思考，设立自己心目中的优秀助教形象，找准定位和努力的目标，积极总结，善于自我反思并及时查漏补缺，因课制宜，在研讨中找准适合自己的助教之路。

图 4-4　研讨成果展示

在助教工作中的成长

在担任课程助教的过程中，我逐渐认识到，一堂优质、高效的小班研讨课，需要教师、助教、学生三方共同努力，助教不能因为自身的"助理"性质而放松对自己的工作要求，因其是连接教师与学生间重要的一环，是承上启下，搭建师生沟通的桥梁。要成为一名优秀助教，不仅仅需要完成助教辅助教师、沟通学生的任务，还需要协调整个班级其他助教之间、助教与教师之间、助教与学生之间，甚至学生与学生之间的关系，在这个过程中，我不仅跟随大班授课与小班研讨学习了课程内容，锻炼了实践与沟通能力，通过担任助教，自信心和成就感得以提升，同时更善于与师生进行沟通，学会了如何更好地思考、分析和解决问题，对专业知识也有了新的理解和认知。在学习的过程中，也对教材中的经典有了更加深入的认识和理解，同时也常常在听课的过程中，发现许多对我专业有帮助的想法和观点，从而促进我的专业学习，助教工作不仅让自己与同学共同成长，更体会到了温故而知新的重要意义。

一只不一样的"珞珈小狐狸"

王诗兆　动力与机械学院 2019 级博士研究生

众所周知，通识教育在武大学生的人文素质培养和科学精神养成上起到了重要作用。作为一名武大的学生，我很荣幸能够担任通识课的助教，与大一的新生们一起经历一段奇妙的旅程。如果把通识教育的助教比作珞珈山上一只只灵动活泼的小狐狸，那么一本本著作就是滋养学生、滋养老师的珞珈山沃土，主讲老师便是珞珈山上的一棵棵参天大树。这学期我担任文学院 21 级人文社科经典导引课程的助教。我踏入阶梯教室，鱼贯而入的学弟学妹们也陆续坐下，拿出绿色封面的教科书。我在他们的脸上看到了茫然又求知的眼神。

在大班教学中，助教需要负责打卡工作，确保同学们都到教室上课了，在小班教学中，助教需要负责为大家准备进一步阅读的资料，沟通各个小组，引导课堂活动有序展开。进行打卡时，看到打卡完成的人数，我感到欣慰；在小班群发布阅读资料时，我感到我确实负有一定的责任，想要知道这些资料是否能真正帮助到助教；在看到学生有条不紊地展示小组研究成果时，我惊奇于他们的进步速度；在听到正反双方的辩论时，我看到了学弟学妹们的光芒。

学生们在小班的精彩表现一幕幕浮现在眼前：《论语》小班课堂上，针对理想人才的标准是"智"是"德"的问题，同学们从春秋讨论到现代，典故之多，人物之丰富，引经据典，妙语连珠；亚当·斯密的《国富论》中关于自利心和同理心的论证引申出是"为富不仁"还是"人富而仁"的探讨，在追求精神文明和物质文明协调的现代给予大家思考和自省的空间；《逍遥游》中的鲲鹏从书中飞到了课堂上，蝶梦庄周的对写手法让庄子的精妙思想与同学们的满分演技相得益彰；《阴谋与爱情》的悲剧性、荒谬性、戏剧性注入同学们新编的喜剧剧情里，其对爱情的哲理性思考不言而喻；在辩论赛中，风俗主宰一切或是道德主宰一切让人穿越时间长河到达真理的彼岸；在项羽、刘邦的对决中，英雄之辩的主题永不衰落；苏格拉底赴死的慷慨让人如此动容，他自誉为精神的"助产士"，直接民主的弊端亦展示出来；宝黛之恋的悲剧说还在继续，宝姐姐与林妹妹的喜好偏向从未停息。

从教学楼到理学楼，时间与空间划分了不同的期待，正如同爬珞珈山的不易。从山脚到山顶，要经历无数的上下坡，经历大大小小的波折，经过一番艰辛努力才能够看尽珞珈风采。学习通识教育不也一样吗？每一部都是经典，都需要坐得住冷板凳的钻研和体会，才能领略皇皇巨著的风采，捕捉到其丰富的精神内涵。

课后，有很多同学与我交流过上课的内容和课程。孔子曰："学而不思则罔，思而不学则殆。"学思关系一直是获取知识的重要矛盾。老师讲课的目的是传授知识，而布置思考题是为了刺激同学们思考，用辩论赛、学术讨论会、表演、PPT展示等多种手段，是为了让同学们的创造思维和展示能力得到全方位的提高，采用小组讨论的方式，意在促进成员间观点的碰撞，提高同学们团队合作的能力与沟通能力，课前小测是督促同学们认真学习、认真复习的重要手段。通识教育不仅仅是人文社科经典的教育，更是通过各种措施手段推动同学们全方位素质的提高，正如《红楼梦》里说的"世事洞明皆学问，人情练达即文章"。

"读史使人明志，读诗使人聪慧，演算使人精密，哲理使人深刻，道德使人有修养，逻辑修辞使人善辩"，弗朗西斯·培根在《培根随笔》中的《论读书》上如是写着，这句话以其简洁的语言、优美的文笔、透彻的说理、迭出的警句，在世界文学史上占据重要的地位。无独有偶，"读书足以怡情，足以傅彩，足以长才"亦阐述了读书的三个作用。明确读书的重要性后，我们亦应该知道选择什么样的书阅读，"读好书，好读书，读书好"。人文社科经典导论收录了人类历史上最经典的作品传授，这是对经典、对读书的最大尊重。

《红楼梦》中荣国府的兴衰让人嗟叹，性格各异的人物被刻画得淋漓尽致，其反映的清代隔代降爵制度与对仕途经济的认同更说明了其恢宏；《论语》中，孔子先进的"因材施教"思想指导着千万的教育工作者们，以"仁"为核心的道德要求在时间的长河里熠熠生辉；《斐多》中，苏格拉底的审判引起了我对群氓、智者的思考，其对现代法治社会依然产生着重要的影响……作为助教，我深刻体会到人文经典对人的影响作用。看到结课论文中同学们的所思所想，我很是欣慰。

我很荣幸作为一只珞珈山的小狐狸，帮助同学们踏上爬珞珈山的道路。正所谓"教学相长"，作为助教，我在工作的过程中学习到了很多。科学的本心与思考的练习，是我于本学期人文社科导引的收获。《庄子·大宗师》中有言："知天之所为，知人之所为者，至矣。"经典之不朽，在于其深入人心。无论以何种方式上演，经典于我们而言都是值得好好品味的大戏，文字的变化，情节的推进，人物的相继登场，一篇一幕都启人深思。我们以自然科学为羽翼，成为"背负青天而莫之夭阏者"的一只大鹏，虽置身于其间，难免会有"不识庐山真面目"的困惑，但鹏鸟之飞，"志存天地，不屑唐庭；超世高逝，莫知其情"，我们既已冲破了混沌蒙昧的壳、踏上了这趟未知的旅途，那么，就别停下。

知天之行，无悔无休。

图 4-5　2021 级文学院 卢柳竹、苏正宇、易璟煜、齐欣荣同学正在认真研讨

一个灵魂去影响另一个灵魂

董　鑫　教育科学研究院 2018 级硕士研究生

2019 年 9 月初，我报名参加了人文社科经典导引的助教培训，并取得培训合格证书。本学期，我担任电气与自动化学院的人文社科经典导引课程的助教组长。虽然我对助教工作内容已经十分熟悉，但是对于班级管理以及经典的学习，每次都会有新收获。

工作内容主要有以下几个方面：第一，协调各小班助教，做好大班课记录等工作。及时与主讲老师、小班助教沟通上课内容时间、小班研讨题目和测试题等具体事宜，并做好学生考勤、助教考勤等工作，同时记录大班课堂发言积极的学生。每次小班研讨完毕，收集各班研讨总结并将其反馈给主讲老师，以便主讲老师掌握学生情况，改进小班研讨不足。第二，组织自己班的小班研讨。小班研讨前期，建立班级 QQ 群、合理分组，准备小组讨论评分表等相关材料。及时发布下周研讨的题目和研讨形式以及研讨需要准备的材料，并督促学生按时完成研讨作业。小班研讨课上，发布课堂作业，帮助学生解决操作学习通时遇到的各种技术问题。此外，和主讲老师一起主持、组织、引导学生积极参与讨论，并适当点评与总结，做好课堂照片和文字记录等工作。第三，协助大班老师管理班级。作为大班老师和学生之间沟通的桥梁，多多与学生沟通，解决学生关于研讨、结课论文和学习通等相关疑问，同时及时处理班级学生转班、上课教室安排等一些琐碎事务。

在工作期间，我所带的小班也出现一些问题。比如说，西学部分研讨环节，学生请假较多；在小组分工上，一些学生"划水"，不参与或者较少参与完成小组任务；沉默式研讨；等等。针对这些问题，我不断反思与改进。在课下，我主动地私聊学生，弄清楚请假事由，秉持"非必须就不批准"的原则。在后期研讨上，我再次强调请假规则和课程相关规定，约束学生。此外，我也经常与组长沟通，充分发挥小组长的核心作用，这对于提高研讨效率具有重要意义。在课堂上，我不断强调"研讨没有标准答案""渴望听到每位学生的声音"，肯定学生的优点，引导学生找到不足。在研讨后期，一些以前不敢开口的学生也逐渐参与研讨点评环节，并提出自己的疑问。

我在做助教的同时，更多的是在受教，收获很多。首先，作为助教，我更直观感受到教师们对于课堂的激情与活力，"一个灵魂去影响另一个灵魂"。在学习经典的过程中，我也对"通识"有了更加深入的了解，也改变对某些名著的刻板印象，从而产生浓厚的阅读兴趣。其次，我深入一线教学中，反思了很多教学问题，比如教学模式、学生教学管理问题等。这些问题带给我一些研究灵感。最后，我认为，小班研讨应防止技术"绑架"教学，防止研讨形式大于研讨内容。关于课堂沉默，研讨题目的设计应该更贴近学生的现实生活，研讨形式应该服务于研讨。此外，研讨不是寻求一个标准答案，助教和教师应多鼓励学生，明确亮出观点，有逻辑发言，论证合理即可。助教和同学们一起，不断在经典中去寻找对于仁、生命、历史和自由等意义，以汲取力量。

第五编

吹尽狂沙始到金

研究生助教是老师与本科生之间的桥梁，而两大导引独特的课程设计更是对助教工作提出了更高的要求："小狐狸"们不仅要从课前准备、课堂状态、课后反馈等方面给予老师们和本科生们帮助，还要在对课程内容充分了解的情况下随着课程的推进不断思考、提高。与此同时，助教工作还需要付出足够的耐心和细心，与学生建立情感上的联结，双方亦师亦友、教学相长。而待到课程结束之时，本科生、助教、老师之间建立了长期的互动关系，经典学习仍在继续，可谓"吹尽狂沙始到金"。

助教：一助一教总关情

梁玥颖　教育科学研究院 2020 级硕士研究生

怀揣期待与紧张，我第一次走上讲台面对着二十多双好奇的眼睛，那时那刻真切意识到自己不再是一名目光追随着老师的学生。助教的新身份，需要我在倾听学生与表达观点之间，做一个时常帮助、善教善思的学姐。在我带教的第一堂课，大部分同学或对经典内容了解不深入，或对公开发言感到为难和害羞，班级研讨气氛相对沉闷。针对这个状况，我进行了分析和反思，并在小班中做出积极调整，希望给遇到相似状况的小班助教一些启发。这个角色总关"情"：点燃学生的人文情怀，引爆学生的创作激情，激发学生小组合作、个人呈现和 PPT 呈现的热情……

一、工作内容及职责

1. 配合教学安排，做好日常事务管理

我通过班群等途径及时发布大班课程预习提醒、经典内容补充资料、研讨课主题内容、Quiz 发布提醒和其他需要学生配合的工作等。同时，我借助 QQ 平台了解和解答学生的问题，与他们及时沟通交流。此外，我也主动承担了上学期导引结课论文的评分和推优工作，并圆满完成了本学期对自己所带班级课程论文的评价工作。在这个过程中，我始终以积极主动的态度，保持充分的耐心和细心去完成每项任务。

2. 掌握经典教材，做好小班研讨备课

在收到教材后，我通读了经典导引教材，并在每节大班课前借阅原著，确保自己充分

了解课程内容。结合随堂听讲，我提高了自己对东西方经典的掌握程度。在大班课后，我会给同学们推荐相关文献作为学习扩展资料。每周研讨前，我会对本次研讨的难点、重点做记录，并结合大一新生的认知和学习特点，预设可能遇到的研讨困难，提前做好教学方案。这些准备工作帮助我在研讨课上的点评和总结环节保持思路清晰，实现观点输出的可靠性。

3. 组织小班研讨，创设良好的研讨氛围

在多次的小班研讨组织工作中，我领悟到自己的工作职责重在积极主动地引导和鼓励学生，将课堂时间充分交还给学生。在研讨过程中，我认真倾听每次汇报和发言，关注小组合作度、研讨质量、主讲人汇报效果等多方面内容，并在课堂沉默时鼓励同学们积极发表个人见解，营造了包容自由的研讨氛围。为了确保每次小班评分的客观公正，我采用研讨加分制、组长评价等方式综合评价每位同学的研讨表现。在总结环节，我会对每个小组研讨的优点与可改进的地方进行点评，提出下次研讨的期望。

4. 关注小班成长，给予学生关心与帮助

作为一名助教，我也是教师队伍的一员，在带班过程中，我热情主动地和同学们进行交流，努力记住每位学生的名字。我们班多为理科男生，他们在自我表达方面偏内向，我在尊重、平等对待学生的基础上，发现和欣赏每位学生的闪光点，对他们的每一次进步和尝试进行鼓励。他们经历着初入大学身心各方面的适应阶段，因此更需理解他们，给予必要的引导、帮助和真诚的关爱。

二、实践锻炼及自我提升

1. 始终保持积极、认真的态度对待小班研讨

在大班听讲时，我通过记录笔记和有困惑的地方，在课下借助多种途径加深了对经典的理解，以此为解答学生疑惑、组织安排研讨奠定坚实的基础。作为直接负责于小班的助教，我始终保持严谨、认真的态度去对待每一次研讨。在荣老师公布研讨主题后，我让学生将做好的 PPT 提前发给我，据此熟悉研讨方向，并为他们的终稿提出修改建议。在研讨

过程中，认真倾听研讨观点、观察同学们的表现，并及时点评和总结。有同学在课程感悟中提道："尤其在小班研讨课上，助班学姐一针见血、切中肯綮的总结，一改我对文科类课程或平淡枯燥难以理解，或离题万里乱侃大山的固有印象，给人以醍醐灌顶、酣畅淋漓之感。"在每次研讨课程结束后，我都会及时总结小组的表现，并形成文字稿提交给大班老师，方便与老师沟通交流。

2. 不断提高课堂管理的能力与控场力

作为课程与教学论方向的一名研究生，担任助教的实践经历，让我将理论应用于实践之中。我也随着每次研讨不断反思自己，比如第一次组织研讨的时间把控不准，在第二次的时候我严格把握研讨时间，确保每个小组都有充分的展示机会。我也感受到自身的进步，在一次激烈的研讨中，两位同学的讨论已经超出了研讨范围，因此我及时打断并做出了总结，提醒同学们在课后针对此问题查阅资料再深入思考。在课堂陷入沉默时，我会积极调动气氛，提出难度较低的问题启迪大家的思路，讲解自己的看法，活跃了课堂的气氛。

图 5-1　资源与环境科学学院同学为《国富论》小班研讨设计了一场趣味横生的拍卖游戏

3. 加深对教师职责的理解，坚定职业理想

在课堂上，我有职责引导同学深入研讨经典中的重点内容、培养学生的人文情怀。在课堂下，我以学姐的身份和他们相处，解答他们学习和生活上的困惑，也了解到他们对于课堂汇报发言的陌生和担心。我和他们分享了自己大学的经历，鼓励他们接纳自己的现状并积极尝试改变。在他们的结课总结里，我看到许多同学表达了对导引课程产生了极大的

图 5-2　资源与环境学院 2021 级 1 班第 4 小班第 4 组合影

兴趣和对我工作的认可，在为他们的收获而激动之余，我也真切地收获了教师这份职业的意义感，并对教师身份更加认可和向往。

经典长河的摆渡人

林　巧　文学院 2020 级硕士研究生

中国古代著名文学理论家刘勰在《文心雕龙》中将古代经书尤其是"五经"的内涵、重要性及其对后世的影响总括为"三极彝道，训深稽古。致化惟一，分教斯五。性灵熔匠，文章奥府。渊哉铄乎！群言之祖"。其中，经典之洞察天地人间义理之深、对读者的教化功能、对人情人性的展示、对文学尤其文体之影响几乎成为我们与古人跨越时空的共识。

作为一名人文社科专业的学生，我时常怀揣着对经典的敬畏与向往之情。在我看来，经典本身蕴含着超越时空、生生不息的理智与情感，既能帮助我们冷静地洞悉乃至超越自己所处的人生阶段尤其是人生的僵局，又能向我们展示另一种对难以言传的人情人心的幽微之所更为明朗宽宏的理解路径。基于这样的认识，我在研一下学期便主动选择成为人文社科经典导引的助教，期待着在人文社科经典导引这样一个回归经典的优秀平台，与同学们在与经典的默契对话中持续点亮心灵的烛火。在此意义上，我更愿意将助教这一角色定性为刚进入大学的充满无限可能性的学生通向经典长河的摆渡人之一。

在我投入具体的助教工作之后，这种浪漫化的想法确实也面临着现实的考验，尤其是当我所在的小班、大班是纯粹的理科班的时候。刚上大学不久的同学依然还保留了高中时期在文科课程上刷理科题的习惯，同时在忙于应试的中学时期也没有养成批判性思考的能力，实际上没有办法认真对待每周的小班研讨。在学生的敷衍了事中，这种既能锻炼自我的表达能力又有助于养成批判性思维的宝贵机会便白白地浪费了。因此，我们助教常常陷于"皇帝不急太监急"的困境中，在老师的指导下字斟句酌写出了研讨要求，却不得不直面学生消极以待、敷衍了事的现实。在这方面，本学期助教培训的时候，一位老师的发言引起了我很强的共鸣，大意是这样：考虑到学生的知识和认识能力还停留在高中阶段，比起直接把学科里最精深的专业知识拉出来大讲特讲，老师更应该先努力搭建高中和大学的知识结构之间的桥梁。这恰恰回应了我的一部分困惑，也提示我人文社科经典导引这门课程的上限绝不仅仅是也不应该是纯粹地教授知识，还包含着激发学生对人文社科经典由内而外的热情与亲近。

在研一下学期和研二上学期的助教生涯中，我恰好都在肖老师和苏老师两位老师的大班里，先后见识了四位老师的小班教学，经历了从小班助教到大班助教的身份变化，也遇见了各种各样的学生。一个最直观的感受是，老师们的教学确实是风格各异。在无为而治与励精图治之间，在授人以鱼与授人以渔之间，在循循善诱与词严义正之间，老师们有着风格迥异的教学态度与模式，也都能收获到不错的效果。有老师能够借助人文社科经典导引课程实践中创生的多种小班研讨模式，刺激学生在不同的情境下进行思考与表达，也能够发掘不同学生的潜力和创造力，也有老师考虑到学生繁重的课业压力，努力提高课堂效率，让学生在课堂上沉浸式阅读、思考与反馈；有老师希望通过形式多元、活灵活现的表演，锻炼学生的综合素质，也有老师希望学生通过对抗的方式，提升思考的深度、广度与表达的效力。在认真听大班老师授课的过程中，我对八部各领域的人文经典有了更多了解；在听取小班老师点评的过程中，我对课堂展示如何打动观众、如何让小组内部的观点变成一个整体、如何在辩论场景中获得优势等问题有了更深入的认识。以上种种都让我受益匪浅，也对我专业素养的提升与职业生涯的发展大有裨益。

为了更好地服务同学、协助老师，我也在担任助教的过程中努力发挥自己的积极性。在本学期担任人文社科经典导引弘毅数理金融班的大班助教和 1 小班的助教的过程中，我能够在教学周内及时地和大班老师、小班助教进行沟通；我会仔细记录大班课与小班课上老师的课程要点以及同学们表现的情况，以期能对同学们的课堂表现作出更科学的评判；根据老师在大班课上和课后的建议，我会提前撰写每周小班研讨的说明材料，包含选题范围、研讨形式、提交选题和材料的时间线、特别注意事项、参考文献等内容，和老师进行确认后在小班群里进行说明，课前准备好课堂所需资料，如研讨提纲、评分表等，课后汇总小组成绩，撰写小组总结，督促同学们不断进步；我脚踏实地，做好本职工作，灵活处理各种突发情况，根据同学一二节课程情况（距离小班研讨课的地点太远，无法按时到达），灵活地调整了 Quiz 发放时间与每次小班研讨的上课时间，根据同学们的情况调换发言次序，圆满地解决了同学不能准时到达课堂、因网络不畅没有在规定时间内回答 Quiz 等问题；我积极上传下达各种信息，动员同学们积极参与通识课相关的各种线上、线下活动；我关心同学，在线上、线下，积极为同学们答疑解惑，认真地为同学们解答了关于小组内部成员不积极、小组分工对小组内部分数的影响、课程论文的格式规范与查重检测的相关问题；在核对分数的过程中，发现部分同学因为特殊情况，Quiz 分数与查重情况异常，我会主动、挨个询问相应的同学，及时安排补考与论文的二次提交，争取让同学们不白白丢分。

总而言之，成为人文社科经典导引助教的经历确实是我研究生生活里非常珍贵的体验。在引导这群更年轻的学弟学妹的同时，我也在不断地回忆着自己曾经的青涩与懵懂，感受着自己几年来的成长与收获，这些都构成了我作为这永恒流淌的经典长河里一名微不足道的摆渡人的美好瞬间。

感其情，有所信

——记人文经典导引课程助教经历

李金悦　文学院 2020 级硕士研究生

"读经典，品其韵，感其情，有所信"，这是我所理解的阅读经典的意义，回归经典原文，置身历史情境，领略经典魅力，感受作品中丰盈多样的情感。无论是理智还是浪漫，无论是出世的逍遥物外，还是入世的积极进取，在经典中，我们能够穿越古今，在不同的情境中与作品中的人物同甘苦，同命运，体味不同的人生。理解不同的选择。"感其情，有所信"也是我在担任人文经典导引课程助教时的感想与体悟，我们要相信"教育意味着一棵树摇动另一棵树，一朵云推动另一朵云"，作为助教老师，当我们以认真负责的态度对待学生，用心准备每一次课堂，我们自然而然能够感受到学生积极正向的反馈，这是一场老师和学生的双向奔赴。

助教其实有着双重身份，我们既是老师也是学生，在每一次的大班课和小班研讨课程上，我们也和学生一起重温经典的魅力，老师精彩而独到的讲解往往能给我不一样的启发，学生研讨课上新颖的观点也能让人眼前一亮。令人印象深刻的是在《庄子》小班研讨中，老师以"内卷"为话题，请同学们思考《庄子》这样的古代经典对我们应对今天现实生活中的"大问题"与个人生命困惑有怎样的启发性。"内卷"是如今频繁在生活中被提及的一个词，同学们常常会觉得自己身处"内卷"的环境压力中，而如何看待"内卷"就显得尤为重要，《庄子》就给我们提供了一个看待宇宙万物、看待自我的一个新的途径。其实"内卷"也就是每个人通过不断的努力，都希望自己能够占有更多的资源，获得世俗标准上的成功和幸福。然而并没有绝对意义上幸福和成功，这不过是外界所规训的单一的价值标准和体系，我们需要从以工具理性为尺度的价值判断中跳脱出来，建立起新的参照系，人生并不是只有成功这一种活法。庄子"天地与我并生，万物与我为一"实际上就颠覆了以自我为中心的视角，他转换了传统的视角，将天地与我都视作一体，至此才能"不滞于物，不困于心，不乱于人"。这正是《庄子》对于我们今天现实生活的意义，它告诉我们要学会转换视角，人生绝不能囿于被外界固定下来的单一的价值尺度和评判标准，而应该寻求和建立新的价值体系，在这个过程中不断推动自我的实现。这也就是我们能从经典中获得的"有所信"，经典本身并不是空荡和虚无的，而是能够对我们的价值观、人生观形成真正的指导的意义，这个意义绝不仅仅在于当下的知识的接受，它其实潜移默化影响着我们的世界观，和我们的人生建立了紧密的联系，在此后我们从学校走向社会、从青年走向中年时，在我们迷惘痛苦的时候，在深夜思考那些问题和困惑的时候，这样一些"有所信"能够给予我们支撑性的力量。

而当我们内置于"助教"这一身份时，也就意味着我们需要从学生的思维、立场和角度中跳脱出来，从被动接受到主动引导。在和学生的交流过程中，我会去思考究竟怎样设置问题才能引导学生，怎样表达学生才能更好地接受。从学期伊始到学期结束，从学生每一次的发言和讨论中，我们一定能够感受到学生的蜕变和成长，他们逻辑清晰的展示、若有所思的点头，这些小的变化也就是学生所传递出的"情"，是他们对老师们问题的回应和思考，在这样的交流和共鸣中，逐渐明确和坚定我们的"信"。在大班课前，老师设置了一个有意思的环节，从我们所学的经典中为宿舍取名，以宿舍为单位自愿进行简单的分享和展示。分享的初衷是希望同学们能够从对于经典的奥义的一种理解上，以经典里面的文化精神，或者说对它里面所表达的生活态度、审美情趣的一种把握，为自己的宿舍题名。同学们对这个分享表现出极高的兴趣，"沐风斋""云居庐""逍遥阁"，将近20个小组分享了他们宿舍取何为名和原因，表达了他们宿舍对大学生活的理想追求和美好希冀。有一组同学以"安步堂"为名，他们从司马迁的《史记》得到灵感："猛虎之犹豫，不若蜂虿之致螫；骐骥之跼躅，不如驽马之安步；孟贲之狐疑，不如庸夫之必至也；虽有舜、禹之智，吟而不言，不如瘖聋之指麾也。"缓步徐行，从容不迫，无论是在学习还是生活中，都能够有自己的节奏而不受外界杂音的干扰，自得其乐于其中。在经典和生活之间，这样一个为宿舍起名的展示就在这二者之间建立起了微小而又具体的联系。除了从学生那里获得的反馈让人欣慰以外，由于助教同时面向老师和学生，因此这也能让我们能够更好地感受到老师的用心、真心和诚心，当我们转换身份之后，能够逐渐明白此前作为学生和老师之间偶有隔阂的地方，理解老师的良苦用心，老师是以更加高屋建瓴的知识和经验阅历来指引我们学习。

"感其情，有所信"，在学习经典的过程中逐渐领会"情"与"信"，在和老师同学的沟通交流中，又逐渐明确和坚定"情"与"信"。于我而言，这并不仅仅只是一段助教工作的经历，更是重温经典，和学生们一起领略经典的魅力，不断学习、反思自我的过程。我会记得在计算机学院担任人文经典导引课程助教的这一段经历，记得信息学部301教室窗外从夏至冬的风景，记得每周这将近两个小时的全身心的投入，此后它们又将丰盈我生命中的"情"，指引我继续探索努力。

通识只得半岁长，风流儒雅亦吾师

叶心雅　艺术学院 2019 级硕士研究生

2020—2021 学年，我担任了本科生人文社科经典导引课程的助教，不知不觉，一年的助教生活已经结束了，还记得第一次上课的时候那种紧张忐忑的感觉，害怕自己不能胜任。但幸运的是我遇上了非常好的大课老师们，邓老师、文老师、李老师、鲁老师的优秀和负责让我十分感佩，不仅拥有专业的教学能力，还有温和的教学素养，在他们的指导帮助下我渐渐克服了心理上的不安，并在每一次的助教工作中获得了成长。这一年里，有付出，有收获，为此，写下这篇心得与大家分享。

在我看来，助教就是半个老师，容不得一点松懈和不负责任，应以老师的标准要求自己，才能完成好助教工作并不断提升自己。因此，我们要做好基础工作，提升教学效率；积极联系学生，成为沟通桥梁；及时扩展知识，引导学生研讨。

一、做好基础工作，提升教学效率

包括布置作业，安排课堂展示，记录课堂表现，批改试卷等，让大课老师可以将更多精力放在教学上面，提高教学质量。助教工作是十分具有规范性的，在上岗前，学校就会组织专门的相关培训，专业的老师和有经验的助教前辈也会细心地指导，这让新助教也能很快地上手工作，但基础性的工作并不简单，它虽然琐碎，但容不得半点马虎。比如在小班研讨前，应该及时了解学生们的进展，确保小班研讨展示的完整性；到了课堂上，也要掐好时间，让两节课有的放矢地进行，拖堂或者提前完成教学内容都不合适，尤其是许多同学接下来还要跑到另一个教学楼上课，如果教学没完成需要拖堂，则会影响学生的其他课程学习，如果不拖堂，未完成的教学内容不好安排，使得小班研讨的效果大打折扣。另外课堂记录也是十分有必要的，把每位同学的课堂表现记录下来，一是可以及时掌握同学们的学习情况，对于那些不好意思开口、不爱表现的同学多加留心，鼓励他们积极表现。二是在回顾总结的时候，可以清晰地看见每位同学的成长，那些反复写过的名字，从陌生到熟悉，记录了慢慢了解学生的珍贵过程。

二、积极联系学生，成为沟通桥梁

人文社科导引课学生很多，一个大班里一般有120人左右，分成4到5个小班，由小班老师负责，采用一节大班课一节小班研讨课的教学形式。这么多学生，老师一一联系压力比较大，难免会有管理不到位、通知不到位的情况，所以需要助教成为师生之间沟通的桥梁，确保通知到位、及时回应学生的需求。小班研讨形式多样，每次的小组分工也不同，我一般会随机分组，让组内自己选择自己的小组长，再由小组长负责各组每次的选题、小组分工，及时与我反馈对接。但分组时，我也偶尔会考虑不周，比如一组都是男生，一组都是女生，没有考虑到男女分配的问题，课堂效果不如预期，在邓老师的建议下，我才意识到自己的分组问题，于是及时调整，让各组的男女生比例相同。此外，助教也要理解和传达老师的意思，我有几次就是理解错了老师的意思，发通知的时候不够准确，造成了歧义，现在想起来也会懊恼自己的不细心，但老师们也没有责怪我，反而主动和我沟通，提醒我及时补救。作为沟通的桥梁，我还需要更加稳固，让同学和老师们的沟通更加顺畅。

三、及时扩展知识，引导学生研讨

人文社科导引课程选取十六部国内外经典，小班研讨的形式多样，学生们之间的思维方式与知识储备不同，所以哪怕两个学期都上的是同一门课，但学生们的表现却是大不相同。面对本就是学霸的新生们，助教除了需要学习课堂上的知识，还要及时拓展自己的知识面，给学生们学习打好辅助。其中，令我印象最深刻的是主题为《庄子》的小班研讨课，要求以艺术呈现的方式演绎《庄子》文本中的一个寓言。其实，这比演讲、辩论等形式更加复杂，它不仅需要学生们对《庄子》文本有理解、有思考、有感悟，更要对表现方式做好处理，拿捏每一个表演细节。这种体悟式的研讨方式几乎调动了所有同学的积极性，以往总会有一两位优秀的学生可以充当观点输出，但这堂课上，每位同学都投入了进来，在上一组表演的时候，下一组就紧张地在准备了，表演结束后还要接受其他同学的质询。令我意外的是，几乎每组的表演都很完整，虽然没有系统地学过表演，但他们已经做到了"打破第四堵墙"，自信地表演；面对质询，他们也毫不怯场，在台上侃侃而谈，他们的所想所谈，都展示了他们对《庄子》的深刻理解和感悟，有的甚至引经据典，超脱于课本之外，或许一些观点有点激进，论证不够客观，但这份勇气和思辨的精神让我感叹：我也要向他们学习啊！

老师是神圣的职业，同时也是幸福的职业！通过一年的助教体验，让我知道一位好的老师应该是什么样子的，他们用心钻研教材、早早到教室开始准备、细心关注着每位学生、用深厚的学术功底滋养着学子们。通识课不是教授技能的课程，它是不能速成的，即使读完了十二部经典也很难保证有收获；它需要通过老师们循循善诱、引导启发渗透到学生的灵魂里，这也是它的魅力所在。祝福每一位上过通识课的同学们能够以更好的精神面貌迎接未来生活，也希望有越来越多优秀的来自不同专业的学弟学妹们加入助教的队伍里来，为通识课的教学注入多元力量。

我的人文助教经历：融"学"于"教"

刘　颖　印刷与包装系 2020 级硕士研究生

今年是我担任人文社科经典导引助教的第二年，如果有人问我是否还愿意第三次担任人文助教，那我一定毫不犹豫地回答：是的，我愿意！

在这两学期担任助教的过程中，我结识了 4 位非常优秀并且和蔼幽默的老师以及两个学院可爱又富有朝气的大一学生们，我认为我的助教生活能够如此顺利愉快，很大部分取决于好沟通的老师们和积极配合的同学们。

在 2020—2021 学年第二学期，我担任了遥感信息工程与印刷与包装系两个小班的助教工作，分别配合关老师及张老师的工作。在 2021—2022 学年第一学期，我担任了电子信息学院人文社科经典导引课程的助教组长工作，协助荣老师完成大班课堂管理以及小班 1 的研讨等工作。在两学期的课程中，我的出勤率都达到了 100%，每次老师的大班教学我都按时参加。

人文经典导引这门课程上课的同学们大多是大一新生，他们第一次离开熟悉的故乡和家庭，来到一个陌生的大学校园环境，和一群陌生的老师、同学一起，开始新的生活。所以在初次认识他们的时候，我会以一个过来人的学姐身份介绍自己，这样可以拉近我与同学们的距离，沟通交流起来会很畅快。我会向同学们介绍人文导引这门课程的意义在于什么。对于刚刚步入大学校园的新生们，如何完成身份转换和自我认同，如何养成博雅习性和君子人格，如何理解并把握这个世界（人、社会和自然）的复杂性和意义——这些问题，专业教育是无法回答的。通过人文导引课程的学习，大家可以打开视野，激发学习兴趣，培养博雅品味，养成君子人格，并为后面三年的核心及一般通识课程的学习打下良好基础。

我认为助教的核心作用在于搭建好老师与学生之间的桥梁，所以在大班上课前，我会与老师沟通授课内容并传达给同学们，督促同学预习以及组织大班课的签到；课后我会给同学们提供一些小班研讨所需的文献、视频等资料，在小班课前提前收集各组研讨的准备资料，包括 PPT 或辩论稿等，课上监督同学们进行 Quiz 考试，小班课后统计 5 个小班所有缺考人数并选取适当时间进行补考等。

对于学生们，在本门课程的学习中，给大家的建议是能够做到课前预阅、课上认真听讲并思考、课后积极研讨。本课程在大班授课之前，建议大家按老师要求预阅本单元经典，预阅要求须精确到某部书的多少页；老师会通过课堂提问、书面问卷和线上交流来考核学生的预阅进展及成效。另外，本课程除老师课堂导读外，还会有小班研讨，建议大家在研讨前按提供的思考题准备发言稿，做好充分准备。

在小班研讨中，我会帮助老师们课前给同学们查找资料、提前收集各组研讨的准备资料，包括 PPT 或辩论稿等，课上主持辩论赛等工作。在这个过程中，我与几位老师保持了良好的沟通，积极反馈同学们存在的问题，搭建好老师与同学之间的桥梁。

因为本学期我担任的是助教组长，所以不仅需要与老师、同学们做到良好的沟通，还要与本组其他助教合作完成任务，需要把一些助教工作传达给各位小班助教们。由于今年期末论文的提交是在维普系统上进行，助教组长需要做好准备工作并熟知各个过程，以方便解决遇到的问题，包括学生提交论文检测、老师和助教批改论文、帮助老师进行成绩上传等。在这个过程中，我与老师及主教们保持了良好的沟通，积极反馈同学们存在的问题，搭建好老师与同学之间的桥梁。

在本次助教的工作中，我认为我的沟通、协调、解决问题能力都得到了一定的提升。并且在该过程中，我一直端正态度，积极主动地配合老师的工作，同时也以极高的热情和耐心帮助同学们答疑解惑。

我所带班级的同学们研讨时非常积极认真，形式更是丰富多彩，有相声表演、剧本演绎、PPT 展示、辩论赛等，同学们也积极与老师深入交流，荣老师给的点评和引申也让我感悟更多，所以我也是一起学习了人文社科经典导引这门课程，收获颇丰。

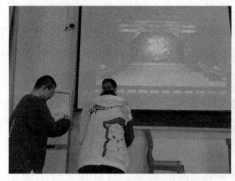

图 5-3　电子信息学院 1 小班研讨《史记》时所表演的"霸王别姬"场景

助教是怎样炼成的

郭庆贺　历史学院 2018 级博士研究生

前几天和学生闲聊，谈到了疫情期间上课的诸多趣事。嬉笑之余，突然想起，距离我做助教的日子，已经过去一年了。

我是在 2018 年第二学期加入人文社科经典导引（后文简称人文导引）助教团队的。在随后的五个学期里，我与学生一起学习，共同成长。在这一过程中，也有诸多感悟，今借此机会与诸君分享。

作为助教，首先打铁还须自身硬。

在我的助教生涯中，大多扮演着带班助教的角色。这意味着在开展小班研讨时，我身边没有老师帮助，要时刻独立面对 20 多名小精灵的"诘问"。他们不仅是在高考的千军万马中杀出的骄子，还是出生在新世纪的新生代。超高的智商和来自"00 后"的灵动使他们总能在课堂上掀起阵阵头脑风暴。这就要求我尽可能熟悉并理解经典的内容。只有这样，才能深入、全面理解学生的问题，给出尽可能正确以及合理的答案。

但是在经典的学习过程中，却存在着一些困难。比如对经典的兴趣问题。可能是由于性别以及专业方向的原因，我对于《论语》《史记》《历史》等经典篇目都有着浓厚的兴趣和一定的了解，然而对于《红楼梦》却有着强烈的抵触情绪。为了能够在小班研讨程中及时把握研讨方向，给学生答疑，我强迫自己学习了教材中关于《红楼梦》的章节，并通过对老师大班授课以及相关论文的学习来加深自己的理解。当然，这是一个"偷懒"的做法，并不提倡，大家作为助教还是要认真阅读原著。

其次，研讨组织是门学问。

刚开始的时候，我同绝大多数助教一样，都将 PPT 展示作为小班研讨的唯一形式。但是长时间采用单一的研讨形式，会使学生逐渐失去研讨的兴趣，而且会导致一部分学生产生"搭便车"的心理。通过通识中心组织的助教经验交流会以及自己的摸索，我最终得出结论：其一，研讨形式要多样化；其二，题目设置要更加合理。

169

先说研讨形式。中心印发的《助教手册》中提供了：PPT 展示、学术研讨、话剧表演、辩论赛等研讨方式。通过实践，我发现针对不同经典的特点，应当采取不同的研讨方式。比如《斐多》这类的经典，更加适合话剧表演的形式来展现；而《史记》《正义论》等经典更适合用辩论来展开。再说题目设置。这些问题一定是要有针对性的，并且与现实问题密切相关的。这样，学生的讨论才是有意义的，而且是能引起学生的共鸣。个人认为有一道关于《论语》的讨论题，设置是比较合理的。在学习这一课时，刚好出现了"武汉一居民大骂社区工作人员不作为"的新闻。于是我结合这一事件，提出"疫情之下，作为基层工作者和普通民众，如何实现'仁'"的问题。

最后，要和学生做朋友。

在绝大多数情况下，对于学生来说，老师是天敌般的存在。这不仅仅是老师掌握着分数评判这一"生杀大权"，还有横亘在老师和同学之间巨大的年龄鸿沟。但是，制度和代沟的问题并不是无法解决的。和学生交朋友就是一个很好的途径。作为助教，我们有着天然的年轻优势。我们与学生的年龄差更小，在很多事情上更容易与他们产生共鸣。我们可以充分利用这一点，去影响和改变学生的认知。我最后一个学期担任助教时，课程都安排在晚上。每次研讨结束后，都会有学生拉着我聊天，通过这种无拘无束的闲聊，我可以了解他们的想法，进而对他们想法中一些不太合适的地方进行纠正。此外，根据他们的兴趣点，推荐一些经典数目，引导他们去阅读。如此，反而能取得课上难以收获的成效。

总而言之，担任助教，不仅仅是完成"参与助研/助教"的学业要求，更多的是一次学习和自我提升的机会。通过担任人文经典导引课程的助教，我更加深入地学习了经典，掌握了新的学习和教学方法。这些都将成为我人生宝贵的财富。

在学习中选择自己想要成为的人

陈　婕　历史学院 2017 级博士研究生

2018 年，武汉大学第一次开设全校性经典导引通识课程，分为自然科学经典导引与人文社科经典导引，课程采用"大班授课，小班研讨"的教学模式，选拔研究生进入助教体系，协助授课教师一起完成小班研讨。2018 年秋，我通过武汉大学通识中心的助教培训遴选，成为人文社科经典导引（以下简称导引）助教团队中的一员，在弘毅学堂中担任助教。白驹过隙，距今三载有余；然则这一段助教经历所得收获至今对我仍大有裨益。

一、反躬自省，加深学习

人文社科经典经典导引共计十二部经典，六部中国经典，六部西方经典，探讨人的仁爱、感悟与超越，思考人的自由、理性与审美。在学习中，虽然阅读过相关经典，但有些学习并不深入，思考也尚未形成体系；助教经历也是令我系统学习、深刻理解的机会。

熟知经典内容、形成知识体系是进行助教工作的理论基础。在学习导引之前，并非每部选取的经典我都熟悉，例如，我曾学习《论语》《史记》《红楼梦》，但对《庄子》《坛经》与《文心雕龙》了解欠缺；我亦阅读《历史》《论法的精神》与《国富论》，却较少接触《斐多》《审美教育书简》与《正义论》。当无法理解经典内容、形成结构体系时，需要助教快速学习，强化理解，以期在小班研讨中合理回答同学的疑问，并引导讨论课顺利结束。在对经典内容理解不明的情况下，助教除了学习经典节选内容外，另需额外"补课"，利用图书馆书籍资料、数据库电子资源等资源搜集、整理相关知识体系内容；或者反复听取不同老师讲解，课后与老师进行讨论，从而快速高效的吸收知识，完善个人逻辑体系。我还记得，在刚接触《审美教育书简》时，经典内容与我而言很是生涩，理解较为吃力，对"游戏"的概念始终不够明了，在查找资料无果后，我利用个人空闲时间去听取其他老师的讲解，结合不同老师的讲解，我对《审美教育书简》内容的理解轮廓逐渐成形，对我在讨论课中参与同学讨论、回答同学问题极有帮助。行有不得，反求诸己。助教需要结合个人学习情况，迅速掌握经典内容体系，深化问题认识理解，从而更加高效地参与小班研讨。

作为助教，需要不断内省求索，以期完善自我，参与小班研讨与同学一起讨论。在与2018级弘毅学堂新生一起上课的过程中，温故知新，见贤思齐，收获颇丰。学习《论语》时，正逢重庆公交车坠江事件发生，讨论课上，我与同学们结合相关事例尝试讨论何为"勇"？如何辩证看待"仁者""知（智）者""勇者"三者之间的联系与区别？在听同学们发言交流时，我亦深有感悟。真正的勇者，或许并非无所畏惧，而是在错乱的环境中依旧能够有效保护自己及他人并寻找解决问题的途径与路段，是即便明知前路艰难却依旧大步向前的坚决，此为勇者，亦是知（智）者，也该是仁者。我问同学们，自己也思考过，如果我乘坐公交车时遇到类似情况，会有何种举动？如果动手方不是妇女而是孔武有力的男子，又当如何应对？有的同学说自己会上前制止，有的同学说会观看周围是否有人制止再做决定，也有的同学表示可能不做任何举措，孰是孰非，无从评判；但不可否认的是，这样的讨论确实影响了同学参与社会生活的观念与态度，加深对经典学习的印象；我亦如是。三省吾身，择善而从，方能更有效地完成助教学习，参与助教工作。

培养严谨、认真的习惯，持之以恒也是助教需要的精神之一。即便温故知新、不断求知，在小班研讨课堂中，有时会出现一时半刻无法解释清楚或者理解不全的概念或问题，若问题确实出彩或者重要，切忌浅浅回答或敷衍了事，应先记录问题、等课后找取资料思考总结，可以将思考结果发到小班群组，与同学们再行线上或线下交流与讨论。若找寻资料思考无果，可以与授课教师进行沟通，请老师提供切入点或思考角度，再行讨论与分析。正所谓知之为知之，不知为不知，不可不懂装懂，也不要一笔带过，无疾而终。当然，也会遇到偏离讨论主题、天马行空的问题，我将视具体情况给出思路，并尽快带回讨论主线。每次讨论课后，我会及时给每组同学讨论回馈，包括准备的完整性、展示的流畅性、讨论的积极性等要素，并结合各组同学表现给予一一建议，以备同学参照留用。这其实并非大事，但需要坚持行动。每次讨论课后，也需要督促自己及时给予同学反馈，不要拖沓，更不要断更。作为助教，亦需要精益求精、严谨审慎的态度，敏于事，慎于言，锲而不舍，集腋成裘。

二、融会贯通，灵活应变

助教，作为教师与同学之间的沟通桥梁，一边需要将老师的课程要求传递给每位同学，一边需要听取同学的问题与意见，整理汇总后提交给老师，保证教师与学生之间信息的通达与完整。助教与学生在课程中共同学习，一起成长，既将所学知识转化应用，又提高团队协作与灵活应变的能力。

知行合一，学以致用，方能加速知识的消化与吸收，深化理解与思考。读书切忌闭门造车，不可纸上谈兵。小班研讨为助教与同学提供活学活用的平台，讨论课堂是助教与同学之间交流沟通与思想碰撞的绝佳场所。为了更加成熟地引领讨论，助教需要充分理解经典内容，并结合历史发展、社会实例审慎思考，带动同学的学习积极性，并帮助学生将理论与实践相结合，形成个人为人处世的态度与观念。在学习《论法的精神》时，讨论课上，同学们结合2017年成都女子寻狗事件，围绕"何为'自由'"进行辩证，讨论"自由"与法的关系，对各方当事人的行为进行思考。当下，社会信息化发展势头迅猛，信息来源广、速度快，与此同时大量问题暗暗滋生；比如，网络个人实名信息泄露事件层出不穷，网暴现象逐渐增多，如何在网络中行使"自由"，也是同学们需要谨慎思考的重要问题。纸上得来终觉浅，绝知此事要躬行，在讨论中巩固知识体系，培养思维模式，树立道德观念，以更加成熟地姿态明理处事，融入社会生活。

除了长于学习、善于思考外，助教还需富于应变；小班研讨课堂中出现的各种突发情况即是对助教灵活控场能力的考验与锻炼。助教需要针对不同情况快速、冷静进行调整，引导讨论有序、健康、平缓进行。整体而言，最常出现的情况则是讨论气氛"过热"或"过冷"的情况。比如说，气氛"过热"一般因两组持方相反带来辩论，双方僵持不下，互不相让，最后发展成为赢而辩。《斐多》篇有一思考题，问：若你是苏格拉底，你是否会选择逃走？一组同学结合苏格拉底的成就及影响认为应该逃走，留得青山在，不怕没柴烧；一组同学则联系当时的社会背景与政治氛围，认为即便逃走也于事无补，不如留下，振聋发聩。随着讨论行进，问题中的"选择"逐渐变成"就该"；若任其发展，讨论变成争论，论辩转为诡辩，两方不是就事论事而是争得输赢，这与讨论初衷大相径庭。我面对这种情况时，会快速找准话题切入点，对两方观点进行总结与评论，并告诉同学，讨论没有正误之分，只是提供不同的思路供大家思考，我们可以讨论其存在的可行性因素与导向因素，但不要将其绝对化与极端化，以此缓和对峙气氛。助教在引导讨论课时，首先需要用充分的知识武装自己，当遇到突发情况时，保持沉着理智，找准切入点，引导讨论平稳

173

过渡，有序开展。

整体观之，这一段助教经历令我受益匪浅。助教工作结束后，我对经典内容的学习与理解不断加深，对通识教育的认识也有新的发展。通者，博也；识者，明也；君子博学而日参省乎己，则知明而无大过也。通识教育，即是引导我们博学之，审问之，慎思之，明辨之，笃行之。在讨论中自觉拓宽思路放开眼界，巩固夯实知识基础，形成科学完整的逻辑体系，培养高尚的道德情操，更全面、更客观、更理智地对待各种问题，走好自己以后的人生。

和学生一同成长

——担任人文社科经典导引带班助教心得

尹 雪 文学院 2021 级硕士研究生

2021 年秋季学期，我担任了人文社科经典导引课程的小班助教。如今一学期的工作即将落下帷幕，回首这半年，还是有不少的事情值得分享，在此供有意向了解助教的朋友们一览。

一、工 作 内 容

报名助教之前，我先查询了助教工作的相关内容，公众号"武大通识教育"上有一些，但比较零散。这一度让我怀疑自己是否能够胜任，而有些犹豫要不要报名。因此，我认为对我的工作做一些系统梳理，是有必要且有用的。

人文社科经典导引课程分为"大班授课"周和"小班研讨"周，同一主题先授课再研讨，交替进行。这学期共 16 周课，因此我们共讲了 8 本书。我的岗位是带班助教，需要在大课时随堂听课，在研讨课上组织研讨，期末需要收改作业、统计成绩。

随堂听课，是为了熟悉教学内容，对下周研讨课的主题、研讨重心有基本了解。我本身是文学院的研究生，对部分授课内容已经比较熟悉，但常学常新，即使是比较熟悉的作品，也常常能有新的认识；而是作为助教的身份去听课时，也常常能跳出学生的思维，有不一样的思考。总之，我认为听课对于助教本身人文素养的提高是很有帮助的。

前一周的大班授课结束后，同学们会被分组，为后一周的小班研讨做准备。分组是固定的，我所在的班级有 24 名同学。我觉得这个规模很适合研讨，8 次研讨课的机会，每位同学都有机会展示或挑战自己；助教也对自己的学生们比较熟悉，适时可以做一些有针对性的引导、鼓励；有些想提升自己沟通、组织能力的助教，压力也不会特别大。

小班研讨中，除了第一小班，其他小班是没有大课老师在场的，因此带班助教需要认真、负责地开展研讨工作。我将带班助教的工作分成 3 个步骤：（1）课前准备。每次大课结束，代办助教要根据课程主题和老师要求，及时发布研讨课的方案，给同学们足够的准备时间。（2）课上研讨。这个环节，主要是需要带班助教引导同学们进行研讨，有条理地推进研讨过程，并对研讨内容进行点评。当然除了研讨，还会有一些别的安排：比如每次研讨课都要做的 Quiz，用来检测学生最近的学习状况；另外每次研讨课结束后会有让学生们填的课程问卷，也建议放在下课前 2 分钟完成。（3）课后总结。每次课后，都需要对当天的研讨课进行总结反思。我一般分为两个部分，一是对学生的表现进行记录，能更好了解学生，二是对整个研讨的推进、形式、改进事项等进行记录。研讨模式要灵活多样，本学期我们班一共尝试了 PPT 汇报、辩论赛、情景剧演绎、朗诵阐释、学术会议、经济行为学游戏共 6 种研讨模式。每次课都有意外的惊喜，也会出现一些故障。对于带班助教来说，其实是很好的锻炼自己的机会，锻炼方向包括但不限于：组织能力、表达沟通能力、随机应变能力等。

除了听课和组织研讨课之外，助教平时要及时转发各种重要学习资料、通知公告等，也要耐心倾听学生的各种声音，在他们需要帮助时提供支持。比如，本学期我们班有一次研讨课采用的是辩论赛模式。我们班只有一位同学对辩论比较了解。同学们主动提出希望我在研讨课前先为他们讲解辩论赛相关知识。于是我们开了一次线上会议，我和那位了解辩论的同学为大家讲解辩论规则、操作方式等，同学们自愿参加，最终近 20 位同学参与了培训，讲解和问答共进行约 30 分钟。最终研讨课上同学们表现尤其积极，全程都由同学们自己推进。相信这次自操自办的辩论赛会是很多人难忘的一次尝试。

二、精 彩 回 忆

我是第一次担任助教，开学培训时还很紧张，担心自己无法带动研讨，然而我们班的同学都很配合课堂，而且大部分人都很积极，于是整个学期，我是愉快而充实的。到后半学期时，我对整个研讨流程、对同学们比较熟悉后，常常会和他们一起沉浸于课堂的乐趣里：情景剧表演中，同学们原创剧本、自备道具、大胆配音，"笑"果真的很不错；经济行为学游戏中，同学们主动对游戏规则进行"升级"，在游戏道具上四处"挖坑"，大家在"玩"中演绎经济学原理；辩论赛上，每位同学都各司其职，以辩论"小白"的身份举行了完整的辩论比赛……我看到有的同学勇敢做了新的尝试，有的同学分享了自己的想法，有的同学通过做组长向着有担当、有责任心的人去成长，而且同学们之间气氛融洽，不会嘲笑别人的想法，还有同学们因小组合作结下了友谊……这些都让我为他们高兴，也为此觉得自己在做一份很有意义的工作。

三、反思改进

当然，我的工作中有很多不足，这是我希望能在下次改进的（如果还有机会担任助教的话），也是想要与其他助教们分享交流的。

一是要增强与大班老师的沟通。目前的课程模式中，大班教师同时是第一小班的研讨课老师，不参与其他小班的研讨课。如此一来，我作为带班助教，最常与老师接触的机会是每周大课的课间时间。我尝试着提过一些问题，但因为时间紧促、常常不知道自己小班的问题何在，因此问题有些不得章法。除了带班助教积极交流，是否可以让大班老师轮流参加各个小班的研讨课呢？我想，这应该能给更多学生学习机会，也能让各个小班的助教提升自己的业务水平，研讨课的整体质量应该会更高。

二是要不断学习，提升自己的知识储备和视野，给研讨课提供更有效、更有价值的指导。这学期，我整体上还是以保证研讨课的秩序为主，在课程组织上做得比较流畅，但涉及对同学们的专业指导，如果在我的专业范围内，我尚可指点一二，但超出范围过多时，我可能就黔驴技穷了，只能给一些自己的想法、所了解的学习资源到大家。这需要我不断扩充自己的知识和眼界，也算是顺应通识教育"博雅"的初心了。

小狐狸与小朋友们

朱锐婕　马克思主义学院 2020 级硕士研究生

作为一名参与两学期助教工作的助教，在 2021—2022 学年第一学期人文社科经典导引课程中，我担任了计算机 2 班的第 2 小班研讨老师。同样作为计算机学院的 2021 级本科生兼职辅导员，我充分了解学生所学所思，组织学生共参与 8 次小班研讨，以 PPT 展示、情景剧表演、辩论赛风采展示、现场模拟情景等方式多形式多元化展现了人文社科经典导引中课程学习的深度思考和集中反馈。

最开始站上讲台的时候，我的内心是有几分忐忑和不安的。虽然在上学期有过担任小班助教的经历，也跟随着刘晓莉老师和顾向明老师轮流听取了两位老师对于小班课程的精彩演绎。但是当得到自己要成为一名计算机学院小班 2 班的小班老师时，我还是会产生一些顾虑：以目前我的理论学习深度，真的能成为一名学生心中标准的好老师吗？对于人文社科经典著作导引课程每篇文章的解读，我的认识是否足够有深度？能否以全新、具有建设性意义的视角来向同学们展示这些文章背后的美丽新世界呢？而且事实上，我在面对着这群熟悉而又陌生的娃时也有着双重的身份，既是大家小班研讨的"朱朱老师"，也是平时在学院里提醒大家各项事务的一名兼职辅导员"朱朱姐"，如何处理好这样的双重身份，将我们计算机学院的小班带好也成为了迫切需要解决的问题。

进入班级以后，我对这群学生们说：相信大家对我并不陌生，但是在这里，希望大家能够记住我们的全新角色，积极完成好每次小班研讨的任务。第一次上课，希望大家能够上台做一个简单的自我介绍，向我向你们即将每周研讨交流组织展示的同学们来介绍。就这样，随着同学们带着几分羞涩、几分犹豫上台介绍，我们的课程揭开了新的序章。

2021—2022 学年第一学期我们共计学习了 4 门西学课程《论法的精神》《国富论》《审美教育书简》《正义论》以及 4 门中学课程《论语》《庄子》《史记》《红楼梦》。

工作内容上，组织学生开展小班研讨，授课过程全程参与

作为小班老师兼课程助教，我在大课上随堂听课进行学习，在学生群内及时负责答疑解惑；小班授课前组织分班分组，并及时公布小班研讨主题，提醒学生按照每次课程研讨的具体要求开展小班研讨，并提前提交 PPT、文字稿等相关准备材料；小班授课时发布 Quiz 并组织学生及时学习填写，并根据学生有疑惑的题目进行现场分析解答；小班研讨时做好老师工作，及时组织学生分组上台进行主题展示或者创新形式表达，并通过点评、提问、专题分享的方式助力学生更好理解《人文社科经典导引》课本上和课本外的知识；小班研讨后发放研讨反馈问卷，并及时撰写小班研讨总结报告，梳理本次小班研讨的优秀示范、研讨案例、暴露出来的问题与不足，以便于下次改进。课程结束后，我们按照课程设计要求以"大班 10%+Quiz20%+小班研讨 40%+期末论文 30%"来给学生进行公平赋分，并及时统计相应版块的成绩。

同时，我们以 PPT 展示、情景剧表演、辩论赛风采展示、现场模拟情景等方式多形式、多元化地展现了人文社科经典导引的课程学习，也有学生结合自己课外的所学所获，进行跨学科、跨课程的中英文专题分析解读，以小见大，深入展现了他的思维世界。

在工作内容上，我做到了课前课中课后全方位、多视角、全过程参与学生的交流学习，在书本中领略人文社科经典著作的文字魅力；在课堂上体会老师们精彩的讲解阐述；在研讨中欣赏学生们的思考体悟与深度分析。作为助教不缺位、不越位，多学习、多思考。

岗位职责上，基于助教工作开展创新，加强学生参与体悟

我是一名课程助教，同时能够结合辅导员所学所用，通过日常辅导员九大职责工作开展，基于助教工作，二者能深度结合并能互相促进。从辅导员工作的思想理论教育和价值引领工作和学风建设出发，引导学生深入学习社会主义核心价值观教育，帮助学生不断坚定中国特色社会主义道路自信、理论自信、制度自信、文化自信，牢固树立正确的世界观、人生观、价值观。掌握学生思想行为特点及思想政治状况，有针对性地帮助学生处理好思想认识、价值取向、学习生活、择业交友等方面的具体问题。同时熟悉了解学生所学专业的基本情况，激发学生学习兴趣，引导学生养成良好的学习习惯，掌握正确的学习方法。

因此，我基于助教工作，及时关心学生在课程开展上的心理动态，同时根据他们在本课程和其他课程上的教学反馈及时提醒课程老师。同时，我也积极鼓励学生踊跃投稿，参

与小班研讨的学习与记录。

实践锻炼上，鼓励学生理论结合实践，上台体验锻炼自身

在实践锻炼上，我充分鼓励各小组学生不局限于每次内部的分工，多上台体验一下主讲的感受，不要以讲课的结果为目标导向，多来尝试，锻炼自身。将所学所悟内化于心、外化于行，通过流畅的口语表达、自信的面部表情、从容的身体姿态、合适的 PPT 辅助材料来展现自我。从一开始每位小组都有固定的主讲人，再到经过我的充分鼓励和引导，经过 8 次小组研讨展示，班级内 25 名成员能够达到 100% 的上台展示率，有超过 60% 的同学在自由点评发言环节表达自己的观点和思考，体现辩证思维火花的碰撞。25 名成员在小组内部的分工也都做到了 100% 全分工覆盖，既要理论上能收集资料，整理观点；也要实践上能讲能说，自信从容。

自我提升上，感受学生实际内在需求，服务学生成长成才

通过两个学期的助教工作，我能在助教职责的过程中感受到学生实际的内在需求。我第一个学期担任的是新闻与传播专业学生的课程助教，本学期担任的是计算机科学与技术专业的课程助教。相对于文科生而言，工科学生对人文社科类的课程其实并不存在反感情绪，而且在思辨上更能体现出理工科学生的逻辑思维能力。通过逻辑思维能力，辩证展现自我内心的人文社科世界。所以在授课过程中也需要结合学生的自身特点和专业特色，贴近他们的学习生活进行举例，助力课程建设与学业生涯发展。

同时，当班级学生出现身体不适等情况时，我也会及时关心，帮忙送去就医：某同学因跑完 800 米身体不适有头疼症状时，我会及时在课上提醒他注意身体，有问题随时找我带他就医；某同学因电动车驾驶磕碰摔伤时，我也会关注她的身体健康情况，并提醒她校医院的具体位置。通过感受学生实际内在需求，服务学生在身体健康心理健康的基础上成长成才。

时间过得飞快，转眼间我们便来到了最后一节研讨课的课堂。当最后一名同学翻到 PPT 的最后一页，我对同学们说："感恩大家也感谢大家，能让我们徜徉在经典导引的海洋中无法自拔。自第一节课始，也从本节课画上完美的句号。希望大家再次统一上台，分享一下自己的收获与感想。"就这样，小狐狸与小朋友们一起在课堂的最后回忆课程的故事们，笑谈朱朱老师的"和蔼可亲"、同学们的"PPT 技术火速提升"、《阴谋与爱情》的男扮女装、喜提"亲爹"、高级展示课程的技术融合……用一个个签名书写了完美的落幕。

图 5-4　结课后同学们在黑板上签名留念

图 5-5　计算机科学与技术学院 2021 级 2 班的第 2 小班同学们的课堂风采

担任助教的那些事

张文娜　工业科学研究院 2019 级博士研究生

作为一名名副其实的理工女，能够担任两大通识课之一的人文社科的助教，是我感到很荣幸的事情，不论是在大班授课和小班研讨的过程中，我都体会到了文学的熏陶，这是我科研以外的"悠闲时光"，我很享受也很尽责地做好了这一份工作。

在 2021 年 2 月份老助教的工作安排提前下来，其实这是我第一次担任助教，按理说应该是新助教才对，但由于我提前半年拿到了助教培训资格证书，公共物理专业的助教名额由于线上授课而缩减，我没能被任命，所以我才被以老助教的身份安排，我很荣幸可以参与组长的选拔中，自告奋勇成为了王怀义老师和肖劲草老师所带班级的助教，也肩负着大班老师对应的小班助教任务。

尽管这是我第一次担任助教，我没有感觉力不从心，反而将各项工作有序推进着。简单来说，我的职责是做好老师安排的工作，传达老师的意思给同学们、小班老师以及小班助教。具体来说就是作为大班助教，不仅需要协助大班老师去进行日常的班级管理工作，还是大班老师的助理助教，再具体就是在课程开始之前，大班助教首先要和老师，还有各个小班助教取得联系，进行一个沟通和交流，把大家聚集到一起，进行学生的分组和分班的工作；还要和同学们一起进行随堂听课，了解这节课具体的教学内容是什么，在课下及时给学生们发布一些作业和通知；之后还要协助大班老师或者各个小班的老师开展研讨课。而作为小班助教的话，工作就更为细致一些，课前发布每堂大班课对应的测试题目，提醒同学们注意 Quiz 的时间节点，课堂上协助老师维持一些纪律，比如说控制演讲时间，课下对同学们的研讨内容进行归纳总结，收集各个小班的研讨总结发给大班老师。最后就是在期末的时候监考，将考试结束后的试卷以小班为单位进行分类，分别由小班助教交给小班老师进行批改。对批改的试卷分数、测试分数以及研讨分数进行汇总，最后交给老师进行上传，至此助教的全部工作就完成了。

通过担任助教之后，我也收获了很多，成长了很多。首先助教其实就是老师与同学们之间沟通的桥梁，桥梁起作用关键是要相互信任，本着一颗真诚的心去相互沟通；其次本身助教这份工作就是一个锻炼自我能力的一个契机，因为我们会在平时的课堂上会处理一些突发状况，或者帮助老师管理一些日常的事务，所以其实这个经历能够在一定程度上提升自我管理能力和应变能力。我们小班的研讨主要任务是由老师来安排，我负责协调收集信息，以及帮助老师把控时间等，相对比较轻松的工作内容。所以在课堂上，我可以学习到很多老师和同学们对于某一个问题或者观点的探讨解析以及思维方式等，因为文学的探讨没有明文规定谁对谁错，言之有理就可以了，所以大家畅所欲言，不用怕错了会怎么样，其实我认为学校之所以开通识教育课，某种程度上就是教导同学们用思辨的方式看待问题，眼界格局变大了，自然脚下的路也就变宽了，这将是受用一生的财富。对我而言，也是学习到了很多名著经典中的观点，这些观点保留至今仍被热议，肯定是被大多数所能接受的有道理的见解。我在繁杂的科研生活之外能有这样的文学熏陶是很有意义的事情，而且这对我来说也是另一种放松的过程。

助教经历中的经验积累和素质提升

赵婧玉　政治与公共管理学院 2019 级硕士研究生

　　转眼间，为期四个月的助教工作画上了句号，其间有付出、有感动、有成长、有收获，感受着弘毅学子蓬勃向上的朝气，折服于主讲老师的渊博学识，体会到武大通识导引课的魅力，拥有了不可多得的奇妙体验。

　　为期四个月，付出并获得经验。一是坚守纪律，认真完成助教培训的全部内容，汲取优秀助教的经验，能确保助教工作开展的科学性和有的放矢；时刻关注助教群里的通知和信息，及时向小班助教和学生传达，可保证信息的及时性；自身按时出勤课程以身作则，并发放签到，了解大课学生出勤情况，尤其关注未出勤学生原因，并向主讲老师反馈，确认主讲老师知识输出的可达性。二是联系助教，如果有助教经历，应积极担任助教组长，联系其余助教，做好信息传达和资料收集工作，解答新手助教的疑惑，可保证工作的顺利开展，促进通识课程的发展、提升效率；提前完成学习通等的设置工作，进行小班划分，前瞻性完成工作任务；尤其要做好结课成绩的整理工作，检查成绩判定的合理性，保证学生成绩的公正性。三是搭建桥梁，助教顾名思义，是辅助性的工作职位，其内涵强调配合和协调，要做主讲老师和学生沟通的桥梁，与主讲老师保持良好的沟通，及时反馈学生在课程学习中的疑难，尤其针对论文写作的破题、范围的选取、格式的要求等加以梳理，并寻求老师解答；在日常课堂中，应负责联系多媒体负责老师，处理主讲老师上课时的设备故障，实现疫情特殊时期隔离学生的云端上课；在每节讨论课前，做好相应的评分表，为之后的课堂展示评分做准备；要积极和主讲老师探讨辩论流程，找寻适合本班的辩论秩序。四是活跃气氛，在满足老师要求的前提下，可以允许 PPT 展示、话剧、情景剧、辩论等多种表现形式存在，给予学生充分的发挥空间；通过收集表演突出的小组作品，在课间播放，在树立典型的同时也能提高学生积极性；除了和学生在班级群探讨课程问题外，讨论课上也要与学生打成一片。五是解决问题，不仅是充当发放 Quiz 到角色，也要解答并处理学生关于 Quiz 测验中的问题，如学习通《论法的精神》中出现错题，在和主讲老师沟通后进行了更正；针对论文写作中参考文献的格式问题和摘要、引言的撰写问题要加以指导；有意识的解决日常问题，如面对学生上课距离过远的难题，在主讲老师的支持下实现了就近上课；针对论文提交中出现的交错版本、检测失败、交错账号等问题加以处理，确保学生能得到公正的成绩。

除经验累积的可见性成果外，我的思维也得以提升，此次助教经历对我而言也是一次成长和学习，在听老师授课的过程中，拓宽了自身的知识宽度、丰富了自身的知识储备、提高了自身的文学素养；在看学生表演的过程中，感受到了昂扬向上的蓬勃朝气，激励自身永葆初心，同时折服于弘毅学子的好学精神和创新思维，督促自身应加强经典阅读并解放固化的思维。具体而言，一是认识到自身到无知，"认识到自己的无知才是最大的智慧"，苏格拉底如是说。通过阅读和学习经典，可以看到先哲们碰撞而出的火花，避免成为井底之蛙。如《斐多》让我们对生命有了更深的认识，苏格拉底可以逃走却放弃，是因为城邦的法律、公民的责任在他心里有更重要的地位，他的肉体走向死亡，精神却永远活着。同样的，坚守海岛之人、扎根乡村之人、捐献器官之人，他们生命的长度可能有限，他们物质生活或许匮乏，但生命的宽度却是无限，他们的精神生活足够丰盈。二是提升自身的素养，康德曾写道："世界上唯有两样东西能让我们的内心受到深深的震撼，一是我们头顶浩瀚灿烂的星空，一是我们心中崇高的道德法则。"作为受到高等教育的学子，我们也应始终坚持对崇高道德的追求。经典阅读中的《论语》就教导我们将仁义礼智信内化于心、外化于行，追求利益不能逾越道义的准绳，仁义为上；虚心学习视他人为师长，不断学习；行为端正而内心无忧，为人坦荡。俯拾即是的做人挚言，提升人格修养，指引通向"君子"的最终目标。三是优化自身的辩证思维，林语堂先生在《论读书》中认为，读书使我们虚心通达、不偏执，阅读经典帮助我们充盈知识、批判创新。柏拉图是亚里士多德的老师，亚里士多德却没有一味继承他的观点，相比起老师的权威，他更推崇真理。柏拉图认为世界的实体是形式，而亚里士多德在他的基础上再进行思考，认为实体是更加具体的事物。列宁对马克思主义的学习也是这样，马克思只是给出了社会的发展规律，而在革命中如何运用则是有不同的方法，列宁将马克思主义与俄国实际情况相结合加以实践，最终形成了列宁主义。加入批判和质疑，才能创新和发展。

感谢主讲老师的包容和指导，感谢学生的配合和支持，"非师非生"的助教工作经历切实强化了我的责任心，提升了我的交流沟通能力和问题解决能力，也改变了我的固化思维，将会在今后的生活中砥砺我前行！

温故而知新，可以为师矣

路培鑫　信息管理学院 2019 级博士研究生

人文社科经典导引是一门面向本科学生，进行经典导读、思想引领的人文通识课程。作为大班助教和组长，我需要协助大班教师做好小班学生的管理同时也需要做好大班的管理。包含考勤管理、研讨内容组织、课堂引导、展示点评、Quiz 发放、错题讲解、研讨总结等内容。

温故而知新，可以为师矣。恰好应了这句古话，在上一个学期的时候我更多是一个助理助教的角色，协助两位小班老师开展小班的管理。本学期却变换角色成为一名颇具分量的小班老师，独自撑起一个课堂。虽然小班课程强调以学生为主体，教师为主导并起到一个组织引导的作用，但无可避免每次的小班研讨都会让我有一种如履薄冰的紧张感，内心对教师这个身份又有了一层新的认识。

学高者为师，我来自于信息管理学院，虽然在专业层面上对人文经典的掌握还没有到达师者的水平，但本着对经典和对教育工作的热爱，我时刻不忘认真研读经典、勤于思考，因此对人文经典的内容也有了更深入的掌握，担任小班老师实际上也是在与同学们一起学习、共同进步的一个过程。

聚焦人文弘毅小班五的研讨课堂，本学期的小班研讨主要以三种形式展开：辩论、情景剧、PPT 展示。从展示的角度来看，每一位同学都在课堂上有展示自己的机会，每一次展示都比上一次有进步，这让我发自内心开心。实际上，二八定律是充斥在各个角落的，小班课堂也不例外，会出现部分学生在展示环节十分出彩的现象，他们掌握着较好的演讲和辩论技巧。出于老师的角度，我认为这是一件好事，大家在同龄人的生动展示和点评中能吸收到更多优秀的技巧、看到不足，这也是"三人行、必有我师"的具体表现，可以"择其善者而从之，其不善者而改之"。从经典内容的把握来看，每一位同学都对大班老师选择的经典内容有了较好的把握，在展示的前期准备和展示过程的讨论当中养成了思辨的习惯，我想这能让同学们受益终生，我也在其中有了很多收获。

这学期的小班老师工作是一份很有挑战性的工作，在这个过程中我克服了自己的紧张，秉持初心、始终如一、尽职尽责做好了小班研讨的组织工作，可能存在一些不足之处，但我相信自己会在将来的工作中做到更好。

我的人文社科通识课助教经历

钟汉坤　经济与管理学院 2020 级硕士研究生

课程助教初体验

在很偶然的情况下，我通过舍友了解到了本科通识课助教的职务。他说他的一个朋友参加了这个助教活动，并且"活少钱多"，一个月有 800 块钱。我当时觉得这个助教一个月的工资比我导师的本科助教一学期的工资要高太多了，因此我想我应该参与进来，为了让自己一个月有更多的经济自由。在这种想法的驱使下，我报名参加了 2021 年春季的人文社科通识课助教，并成为了一名小班助理助教。

第一次上课的时候是第二周，也就是第一次小班研讨课。我联系了我的小班老师，然后他分配给我的第一个任务是和同学们沟通好线上小班课的时间。由于那时候小班助教安排得比较晚，所以第一次小班研讨的时间已经过了，因此需要安排一个线上的小班研讨课。这时候就需要我去协调各位同学的上课时间。由于老师已经提前下达了通知，我在接到任务的晚些时候就在小班群里询问大家有没有调整好时间。过了很长一段时间，率先给我消息的是小班老师。他说："你这样发是没有人回应的，你需要对接组长。"然后还附加了一个破涕为笑的表情。我想了想，觉得有道理，回复了老师以后就建立组长群，联系了四个组长。很快，线上上课的时间就定下来了。从此之后，只要是小班任务，无论是题目选择、问卷填写，还是一些班级的事务性事情，我都牢牢地把握住各位组长，通过他们了解选择，了解各小组的问卷情况，了解其他事情的完成情况。通过翻阅书籍我了解到，一个人管理的人越少，那么信息传递效率和任务完成效率就越高。如果我们现在管理 4～6 个人比较轻松的话，那么一个二十多人的班级分成四五个小组，助理助教只需要管理好这几个小组长就能够轻松管理好这个小班级的学生。这个道理对于现在做好小班助教和未来走上社会来说，真的受益匪浅。

在担任小班助理助教期间，大一的同学们对于我的通知和一些事务性事项都能热情接受，并积极完成，这展示出了他们的青春活力。在同他们的相处过程中，我不需要去思考怎么跟他们沟通交流，也不必担心他们能不能完成这些任务，更不需要在他们面前表现出紧张。久而久之，我跟他们打成一片，他们也不叫我助教或者老师了，而是叫学长，甚至有些活泼开朗的男生直接叫我哥。在这个大学校园里，一帮刚进入大学不久的同学们，他们对于大学生活和未来人生都充满着好奇，并且以最积极饱满的状态去迎接每一天，去克服每一个困难。同时，这种状态也能感染身边的人，让每个人都去热爱生活，拥抱明天。作为助教，可能会觉得跟他们有代沟，但是实际上是没有代沟的，所谓觉得有代沟，只是因为没有去跟他们交流，没有去感受他们的状态，而是站在自我的角度去看待他们。不管同什么时代的人交流，如果只是站在自己的角度，那总是会有代沟的。我想，助教们只要多同他们沟通交流，就一定能做好自己的工作。

直到看见银行卡里打进了 3200 元，我才突然想起来自己参加助教职务是为了加强自己的"经济基础"。我觉得，这段时间的助教经历带给我的精神状态的改变，沟通交流能力的提升以及人生哲学的丰富都远远超过了这 3200 元带给我的满足感。短短四个月的助教经历，让我明白了专注于事情本身所获得的东西将远远高出做这件事一开始的预期目标。从今往后，我也将带着这段宝贵经历给予我的精神财富，继续在人生的道路上披荆斩棘，勇往直前。

与通识教育的再度邂逅

2021 年秋季学期是我第二次担任人文社科经典导引的助教。据说，硕士期间最多只能担任两次助教。那么，这也就是我最后一次担任人文社科的助教了。按照惯例，这次我的岗位是大班助教。大班助教的基本工作是协助大班老师上好大班课，联系沟通大班老师、小班老师和小班助教顺利完成小班课的研讨任务，以及及时回复和处理本科生院的事务性通知，并督促老师和同学们完成相应通知，最后在协助各位老师完成最后成绩的给定。除此之外，还要处理同学们在上课期间的有关签到过期问题和期末时候的论文提交问题。因此，大班助教的工作看起来还是蛮繁杂的，至少我一开始就觉得不简单，但是经过一段时间的工作后，我也形成了一些经验，能够处理好很多之前觉得处理起来比较困难的事情了。同时，我也收获了很多与众不同的东西。

大班助教的第一个任务是同大班老师联系，并了解他的上课习惯，以及做好配合他完成相应的上课任务的准备。主管会在组长群发布每个大班老师的联系方式。在拿到联系方式以后建议尽快联系大班老师，因为联系方式发布的时间同大班课开课时间可能距离比较近，而有些老师年龄比较大，可能不怎么看手机。不及时联系可能会影响到第一节大课。在联系好老师后，需要找老师拿到大班的花名单，然后按照小班个数进行分班。我带的是计算机学院的班级，这个班的突出特点是男生比例极高，所以可能在分班上需要把女生均匀分配到每个班级中来。分好班级后，要联系各个小班老师或者小班助教，把花名册交给他们去进行分组和建立QQ群的工作，并把QQ群二维码以群文件的形式上传到大班群的群文件中。这方便各个同学在第一节大班课加入大班群后迅速找到自己的小班群。对于分班，一般可以采取按学号排序后，得到学号与应分班级数量的余数，然后加一编号进行分班。比如需要分成4个小班，那么就用学号除以4，得到的余数会是0、1、2和3。在此基础上再加一，就成了1、2、3、4。这就分别对应了四个小班。

每个老师的授课方式各不相同，有的在大班课期间不会下课，有的会下课。这需要提前和老师沟通什么时候进行签到。这学期我带的班级的同学，在上大班课之前是体育课。体育课的上课地址在桂圆操场附近，而体育课下课后的15分钟后，他们必须出现在信息学部教学楼的4楼。这对于刚进大学的大一新生来说，是一件比较麻烦的事情，尤其是在武大这种道路狭窄，蜿蜒崎岖的校园里。尽管学校有校车和共享电动单车，但是在多雨的武汉的秋冬季节，15分钟从桂操翻山越岭来到信部教学楼也是一件不容易的事情。所以很多时候，总是有同学在上课铃响之后才陆陆续续地赶到上课地点。这时候，可能需要延长签到时间，或者让学生们在下课后过来找你完成代签。在这学期，我印象中就发生了四起车祸，学生们在赶往上课地点的路上发生了车祸，有的还伤了三个星期才能正常走路。虽然签到很重要，但是我想只要他们能够安全到达教室上课，迟到一点点也是没有问题的，毕竟他们是不想迟到的，只是因为学校把他们连续两节课的上课地点安排得太远了。如果我是大一学生，我的助教如果能够考虑这个问题，我一定会认真学习，至少是认真完成他安排的各种任务。这样一想，反而让我们的工作更好地开展了。

在第一节大课还要跟大班老师讨论的问题是小班研讨谁来评分、如何进行评分等。这些都需要一开始和同学们说明，并严格养成习惯。不然的话，小班课尽是那么几个同学在积极发言，或者在小班课后期就没有人再积极发言了。对于绝大多数同学来说，如果上课内容或者讨论的问题能够激起同学们讨论的兴趣，那他们是很乐意发言的。大班老师如果让你来组织同学们进行小班研讨，那你在讨论过程中的核心任务就是让激起同学们的研讨兴趣。具体做法有：把问题同现实发生的一些事件相结合；凝练出问题本质，让同学们认清将要讨论的问题的本质；结合以往小班课的研讨热点进行提问。

刚进大学的同学们是十分热情的，他们对于身边的各种事物都乐于分享，并且正直善良。我们多在大班群里同他们沟通，能够引起他们的共鸣，有利于加强同同学们的联系，方便我们工作的开展。比如"双十一"的时候提醒他们理性消费，今天下雨告诉他们上课路上小心等。他们会非常乐意地回复你。这样一来二去，很快就能同他们构成良好关系了。在期末考试临近的时候，为了解决他们的高等数学考试的问题，我还特意在群里发了通知，有问题的可以发在群里，我有时间就帮大家解决。大家在群里踊跃提问，并有同学积极作答。有一次还同他们聊起了我那时候玩的卡牌游戏。让我惊讶的是，我那时候一块钱十张的卡牌，现在居然能卖到三位数一张。总之，同他们沟通任何事情都能引起他们的兴趣，就跟我现在除了学术以外，什么事情都能引起我的兴趣一样。同他们建立起良好的日常关系是处理班级事务的根本基础。

这半学期，连同上半年的助教经历，让我感受很多，也提升很多。总的来说，我主要的工作就只是完成各项助教任务。而完成这些任务的基础除了我的一些基本能力以外，最重要的就是处理好同老师学生们的关系。这一年来，我沟通过的老师不多，但是他们都是很好沟通的人。虽然他们看起来比较朴素，寡言少语的，但是只要同他们说话，他们总是和蔼可亲，以礼待人。他们总是说"辛苦你了""谢谢你了"等话语，让我感受到做这份工作其实很轻松。同学们的热情也不必多说，他们真的会很认真地去做你发布的各项任务。我深深感受到，我们在处理一些事情的时候，能力固然很重要，处理好与事件相关的所有人的关系也是至关重要的。这是一个人构成的社会，良好的人际关系能够促进这个社会的运转。你同社会成员的良好人际关系，也能让你在这个社会中更好地成长。非常感谢武汉大学给予本科生和研究生们这么一个学习和工作的平台，让每一个参与到这个平台的人都获得了不一样的知识和人生体验。

尽己所能，用己所学，因材施教

刘子涵　教育科学研究院 2019 级硕士研究生

在 2020 年 9 月至 2021 年 6 月，我分别申请并担任了武汉大学人文社科经典导引通识课程的小班助理助教和助教组长，主要负责各小班与大班教师之间的联系，以及整个大班日常事务的管理，是老师、助教和学生之间的桥梁。我主要岗位职责是：开班前联系大班、小班老师和小班助教，建立大班群，随时发放通知；随堂听课，熟悉教学内容；协助教师，做好课前准备；阅读教材，回答学生问题，熟悉学习通，主持 Quiz；协助大班老师组织课堂讨论，完成课堂评价，撰写小班课后总结；统计成绩，收交作业。

一年时光匆匆而过，初次与"助教"结缘，是从一封信开始。在正式培训开始之前，我们收到通知，以助教身份给新生们写一封信。着笔写信时，竟有些恍惚，仿佛时光退回到我大一刚入学之时，怀着对未来的向往和憧憬走入课堂，在学海中遨游。越过纸张，隔空对话，让我更加期待与新生们的见面。

在正式开始助教课程之前，总负责人在群里耐心解答，帮助我明晰了岗位职责和工作内容。一年中，我负责了电信学院和电气学院班级的人文通识导引课程。每个"大班授课"周，都由大班老师主讲《论语》《史记》《论法的精神》《国富论》等国内外经典著作，引导同学们知文学之全貌，品社科之哲理。我负责记录学生们的考勤和回答问题的情况。为了让同学们更深刻地学习人文社科的思维方式，该课程同时采用了小班研讨的模式引导学生在实践中求真。在这个过程中，同学们各显其能，在认真准备的汇报中展现了不凡的思辨性。期间我们组织了辩论赛、舞台剧、个人展示、学术会议等多样化的形式来激发大家学习的积极性，提升团队合作能力，在做中学。

让我印象最为深刻的是电信学院同学们的辩论赛，同学们踊跃报名，积极性极高。申请担任辩论赛主席的两位同学认真策划了辩论流程，用心草拟了文件，制作了生动有趣的PPT，还创新性地加入了开杠环节。可以发现，同学们各有所长，有些同学在汇报时展现了极强的语言表达能力，有的同学则非常擅长制作 PPT 和视频，还有的同学有较强的组织能力，带领团队完成每周的教学活动。只要给学生展示的机会，他们就会回馈一份惊喜。在真诚待人之时，就会和学弟学妹们成为很好的朋友。他们会在私下和我交流很多学习和生活上的困惑，这种相互信任让我们彼此间的距离更近一步。

同时，助教工作也让我从一名"小白"，逐渐成长为有能力、敢担当的合格助教。担任助教组长期间，我需要平衡自己日常学习和助教工作的时间分配，对可能发生的问题，如设备调试、桌椅摆放等有预判意识，提前与老师和同学沟通和交流。在开课之前，我在班级群发放了调查问卷，调查同学们对小班课程组织形式的想法和建议，之后积极反馈给老师，与其他各小班一起开展形式多样的小班课程。与小班不同，助教组长同时需要记录大班同学的情况，对于转专业离开和请假同学，我需要及时通知和记录，这些经历帮助我提升了自己的管理能力的应变能力。

作为一名教育学研究生，应当尽己所能，用己所学，给教育问题以回应，给学生群体以关怀，给有价值的问题以关切，有意识地将平时所学的理论知识运用到实践之中，根据每位学生的特色，有针对性地发掘其优势，鼓励学生不断突破自我。

一年时光虽短，但与同学、同事、老师们的情谊却很长。书写至此，正值武汉寒冷的冬天，但思绪又将我带回到温暖的春天之中。在立足本职工作，服务同学的同时，助教经历让我收获了自身成长，结识了诸多好友。

此行，值得。

第六编

旧书不厌百回读

　　武汉大学的两大导引课程，以"人、自然、社会"为关键词，以"如何成人"为问题阈，以"四通六识"为具体目标，集中体现着"3.0"的核心理念，即"博雅弘毅，文明以止，成人成才，四通六识"。武汉大学的通识教育在通识文化、通识课堂和通识管理三个层面立体推进，从而使本科学生、研究生助教和授课老师三方受益。研究生助教作为通识教育的深度参与者，对于课程设计优势的体悟更加深刻。导引课通过大班授课和小班研讨结合的教学模式引入了诠释经典的多重视角，深刻诠释了何为"旧书不厌百回读"。

读好书　悟博雅　学育人

——2021—2022 学年秋季人文社科经典导引助教经验总结

邓　时　国家文化发展研究院 2019 级硕士研究生

截至去年，本人有幸在 2020—2021 学年第一学期和 2021—2022 学年第一学期两次担任人文社科经典导引助教，职务分别是小班助理和大班助教，所带学生院系包括文学院、动力与机械学院等。两次任职让我对"大班授课、小班研讨"课堂教学模式有了更深地体验，在相当程度上提高了我作为硕士研究生的教学实践能力、学术交流能力和奉献服务意识。现将自己担任该课程助教的经验、锻炼与收获分享给大家。

一、读好书，在典籍中修炼品行

钱宾四先生曾指出中国的学问传统向来有三大系统：一为人统，"学者所以做人也"；二为事统，"学以致用"；三为学统，"为学问而学问"。人文社科经典导引作为一门通识课程，最基础的目标是在现代多元化的社会中，为受教育者提供通行于不同人群之间的知识和价值观，即属于"人统"范围。

"如何为人"的问题贯穿于人文社科经典导引的始终。以刚刚过去的上一学期为例，课程以《论语》《史记》《坛经》《文心雕龙》《斐多篇》《正义论》《论法的精神》《审美教育书简》八部中西名著划分，依次探讨了人的仁性与理性、历史与使命、自由与正义、天性与审美、生命与爱恨等多个命题，并利用学术会议、小组展示、学术辩论等形式引导学生就相关问题展开深入思考。这样的做法实际上是非常有效的。动力与机械学院的张劭恺同学在其结课论文《闲言碎语——浅谈我对读书一事的种种想法》中写道：

"我认为阅读的意义大抵有二，一是认识，二是借鉴。先来讲讲阅读何以认识自我。对自我的认识应当建立在一定的参照上，而书中恰为我们提供了这样那样的参照……阅读在这个过程中有着深化认识的作用。毕竟我们生活中接触的人数有限，并不一定能够囊括所有类型的人供你参照，但书就能做到。我觉得，阅读本质上就是体验多个时代、多个地域的人在遇见他者，经历各种事件后共同构建的世界，因此你能够认识并参考的就包括这个世界中的所有事物。……二为借鉴、应用。以《史记》为例，《鸿门宴》让我们感受到项羽的优柔寡断，这提醒我们需把握时机，当断则断；读《陈涉世家》，当陈胜发出'燕雀安有鸿鹄之志哉？'的呼喊时，我们能够感受到远大志向的力量；……仅仅是《史记》一部著作就能为个人提供很多经验教训。对于整个社会，整个国家而言，同样如此，通过历史上存在的或逻辑成立的例子，也能得到借鉴，最后通过改良创新应用于当下，从而解决现实问题。"

可见，经过一学期的学习，同学们已具备一些批判、反思和自省的意识，也有相当一部分同学懂得了何谓"知行合一"，这对于新生同学在大学校园中较快完成身份转换，理解并有意识地养成博雅习性和君子人格有着重要意义。牛顿曾言："如果我看得更远一点的话，是因为我站在巨人的肩膀上。"阅读经典，确实为我们提供了这样的"巨人的肩膀"，使得老师、同学、助教们都能在课堂交流中有所感、有所得、有所悟。

二、悟博雅，领略人文博通之魅力

今年我所带的院系为动力与机械学院，相较于去年所带的文学院，传统理工科院系的学生让我对人文社科经典导引作为武大通识教育基础课程的性质有了更深的理解。

通识课程讲求"博通"，与之相对的是"专精"，即大学所选择的专业课程。通识课程，可以理解为博雅教育（Liberal Education），词源来自古希腊，即自由人（自由市民）教育，《牛津大词典》解释为"一种适合绅士（有闲阶级）的教育"。现今大学多开设通识课程的目的在于，大学生在主修课之外，还应当修读这些非学系性的课程，获取或熟悉某些其他的知识与技术，其旨在传授每个领域中的"理解的模型"，重在习得理解之途径，而非具体之资料。

所谓传授每个领域"理解的模型"，我在担任助教期间深有体会。有一次《正义论》的小班研讨选择了辩论方式，其中有一道辩题是：正义是真/假命题。研讨准备期间，正反方多位同学找到我表示这道辩题并不成立，因为他们尝试从许多方面概括都感觉不搭界或无法立论。后经讨论发现，他们所认为的真命题是"正确的命题，即如果命题的假设成立，那么结论一定成立"，而假命题是"如果一个命题的假设成立时，不能保证结论一定成立，那么这样的命题叫作假命题"。简而言之，他们使用的数理逻辑中"真假命题"的定义来审题的。用数学语言来理解社科类命题自然会导致"牛头不对马嘴"的结果。对此，我所尝试的解决办法是：其一，告诉他们这里的"真假命题"与数学中"真假命题"

判定标准不尽相同；其二，简要讲述了《正义论》撰写时的整体时代背景和当时盛行的人文思潮流派；其三，推荐与之相关的高校公开课；其四，适当表达我对辩题的个人理解。从辩论课的表现来看，这样的尝试的确行之有效。

这里涉及另一个问题，即有关人文与科学，两种学术文化的分野。这个问题由来已久，首次被正式提出是源于剑桥大学施诺爵士的《再看两个文化》，他指出人们总是倾向于用对立性或二元性的思考方式来看待事物，而学术的专业化已然将学术文化分成两个壁垒森严的世界，即人文与科学。其后这一议题受到了漫长而广泛的讨论，如罗素表示"科学能处理手段，但不能处理目的"，孔德、哈耶克、哈贝马斯等也从不同角度对盛行一时的"科学主义"进行了批判。时至今日，普遍的观点认为当代所谓的"知识人"，应当有能力将不同的知识综合、融汇而一以贯之，并能够从人文精神出发，知道哪些是"应当"做的，从科学和技术角度判断哪些是"可以"做的，即坚守一种科学的人文主义。因而，在学校的基础通识课程中同时开设人文社科经典导引与自然科学经典导引是有其必要性和深远意义的。

三、学育人，在实践中体会交流与奉献

相较于小班助教，大班助教体验卡让我有以下两点体悟。

第一，工作量会相较以往更大一些。如本人在担任助教组长期间，工作内容需包括日常大班管理和组织小班1研讨。在大班管理方面，助教组长需独立完成了学生名单确认、学习通名单及 Quiz 录入、研讨课小班分班及分组名单、研讨课评分表设计、学生签到、期末总成绩录入等工作，期末与小班助教共同完成期末论文的批改和评优工作；小班研讨方面，需完成组织选题、提供参考文献、收集准备材料、发放 Quiz、研讨评分评价等工作。

第二，更强调与老师、同学、小班助教之间的交流沟通，需及时反馈各方的问题和需求。比如，需要较为细致、全面的把握大课每一讲的目标和重点，为同学们提供小班研讨课所需的学术材料，同时向大班老师反映学生学习过程中的疑点和难点；小班研讨中需较好地反馈和评价了各小组研讨成果，有意识地引导学生团结协作、理性分析、辩证批判和独立思考；与其他助教强调日常工作纪律；较精准地把握了学生结课论文中想要表达的中心思想和论证逻辑，并给出合理的评分与评语等等。

总之，两个学期下来，我与老师和同学们共同度过了一段美好而充实的时光，也感恩在课程中相遇到的每一个人。在此衷心祝愿武汉大学通识课程能够越办越好！

每个不曾起舞的日子，都是对生命的一种辜负

——担任人文社科经典导引课程助教中的成长感悟

张　文　经济与管理学院 2019 级硕士研究生

寒来暑往，光阴荏苒，在资源与环境科学学院四小班担任人文社科经典导引课程助教的半年时光悄然走到了尾声。难忘的助教时光，帮助初入大学校园的同学们学习，陪伴着他们成长，为他们的点滴进步而喜悦，为他们的不断收获而奋斗。还记得那一张张青春洋溢、活力满满的脸庞，还记得《论法的精神》课堂上火花四射、妙语连珠的辩论赛，还记得第一次站在讲台上点评时的紧张和不安，还记得妙语连珠、脑洞大开的情景剧……从陌生到熟悉，从熟悉到习惯，难忘的助教时光，是一种奉献，亦是一种历练，我更加深刻地体会到了身为助教的责任与担当，体会到了教育在同学们的成长过程中所起到的至关重要的作用。作为沟通教师和学生的桥梁，助教对推进"大班授课、小班研讨"的课堂教学改革具有重要意义；对于个人而言，助教工作也是提高自身综合能力的宝贵经历。

担任 2021 年人文社科经典导引课程助教期间，协助任课老师组织八次小班研讨，内容涉及《坛经》《庄子》《论语》《史记》《正义论》《国富论》《论法的精神》，包括小组展示、游戏解读、课堂辩论、情景再现、名著交流等，形式多样、主题丰富。师道相承，言传身教。每位老师都有自己的授课风格和方法技巧，所以在课下经常与中学主讲黄老师和西学主讲李老师交流，主动去了解并适应老师的授课方式、思维模式，传达学生的课后反馈以及自己听课和对教材的所思所想。同时，认真听课，把握老师的授课风格和思维脉络，感受老师上课的精髓。我在担任助教过程中逐步探索自己的教学理念和授课方式，在组织小班研讨，批改论文作业，汇总资料及撰写总结中的每一点进步都离不开各位老师的精勤教导和耐心培养。

通过与同学们的谈心谈话，我了解到资源与环境科学学院的大部分专业课程以自然科学和技术科学为理论基础，而人文社科经典导引课程的授课老师则具有经济学和历史学的研究背景，再加上本门课程的独有魅力，使得每一次的小班研讨都能涌现出大胆新鲜的头脑风暴及引人深思的多学科论点。从数学的维度上思考问题，和传统的从哲学或文学理论

的维度上思考，效果并不相同，我也常常惊叹于他们的灵感和思考的敏锐度。通过交流，针对学生的问题和困扰提供必要的帮助，主动与学生交流沟通，鼓励同学们积极参与讲座论坛活动和征文活动并以身作则，我也在不断收获和成长。

每个周三的早晨，在明媚的阳光里，看着那一张张朝气蓬勃的面孔，我感到每一天都是如此充实，如此充满活力。为了根据每个同学的具体情况提出相关的学习建议，常常要在办公室里谈心谈话，无论是学习上还是生活中的困惑，他们总是乐于同我分享，我很珍惜他们对我的信任，也会把自己大学阶段的心路历程讲给他们听，希望帮助他们成为一个全面发展的栋梁之材。我始终在思考和学习着如何提高自身的教学水平，帮助学生提高课堂效率和积极性，踊跃回答问题而不是沉默地等待答案，自主学习开动脑筋而不是难以全神贯注，每一节课我都希望他们能够有所收获和提高，在学会学科知识的同时，培养起他们对于该学科的兴趣和自主学习的意识，培养起他们的责任与理想、自律与自主的意识，积极乐观、百折不挠的人生态度，独立思考和换位思考的想法和意识，严肃地对待自己的学习。无论考试成绩理想与否，及时调整自己的状态投入新的一天中。在情绪不佳或遇到困难时，给自己积极的心理暗示，"我可以做到""我能比上学期更优秀""再努努力就会不一样"，最好的时刻就是现在，从现在开始，一切都不算晚。

作为一名助教，与主讲老师保持良好沟通，积极参与"师德师风"主题培训，人文社科经典导引助教工作会议和课程专业培训，协助任课老师组织八次小班研讨，及时掌握学生的学习状况，完成签到、统计、协调教室和座椅、回复学生消息等事务，批改论文作业，汇总资料，撰写总结，与同学们主动交流、评分公平公正。每一天都忙碌而充实，我也在不断提高自身。同学们引经据典地讨论项羽乌江自刎的行为是英雄气概还是无颜面对江东父老的懦弱；唇枪舌剑地辩论自由究竟是免除干涉还是自律自主；集思广益地畅想人们该不该追求老庄哲学中的"逍遥"和"至人无己"的境界，如果生活中人们都不追求功名利禄，社会将以怎样的形式运作。为了提高工作效率。我逐渐形成了时间管理的观念和习惯，也在阅读多部厚重经典名著的过程中启发了自己对于本学科的新思考，提高了自身的文学修养。

"人是能思考的苇草"，"我思故我在"，无数的先哲都强调过思考的重要性。在我看，人文社科经典导引的妙处就在于"导引"二字。不是导读，不是解析，而是导引。我相信每一位思维健全的青年，都会思考过人生哲理、宇宙边缘。导引课给予了一个平台，让我们得以认识先贤的哲思，让我们得以理清纷繁的思绪。与其说导引是一门课程，它更像是给思考腾出一段时间。我们需要去理解并用各种方式解释经典：动画、演讲、朗诵甚至辩论。当我们利用现代的手段去重新赋予古代哲学以灵魂，我们就完成了一个"思考"的闭环：思考、疑惑、求解、实践。

武汉大学人文社科经典导引课程围绕"何以成人"这一问题，以《周易》"观乎人文，以化成天下"为课程目标，引导学生阅读中外人文社科经典，体验"观乎人文"之过程，以达"化成天下"之目的。课程选取多部中外经典，以"人"关键词为核心，呈现仁性、天性与悟性，使命、博雅与爱恨，历史、生命与审美，自由、理性与正义等理论命题，从不同的角度更加深入地理解本门课程主旨：何为人？成为何人？何以成人？中西人文社科经典的汇通之处，则是引导学生如何成为合格公民和国家栋梁。

授人以鱼不如授人以渔。求知心之于思考，大抵是思考产生求知欲，求知而不得又进一步思考，这样一个循环往复，相互促进的关系。看着大家在人文社科经典导引课程中学有所成，亲身体会到这所高等学府的特色，我也希望同学们都能够成为独立思考的高素质人才。

"每个不曾起舞的日子，都是对生命的一种辜负。"我想我一生都不会忘记这一学期担任资源与环境科学学院四小班人文社科经典导引课程助教的难忘时光，有欢笑、有汗水，每一份坚持都值得感动，每一份收获都值得歌颂，在最美好的年华里，我想我做了最美好的事。

已识乾坤大，犹怜草木青

张玉琦　文学院 2020 级硕士研究生

从踏进武汉大学校门的那一刻起，大家就开启了人生新篇章，而这节课存在的意义之一就是希望大家不要忘记读书，不要忽略经典。阅读最大的困境或许在于总感觉看了很多，但什么也记不住，但事实上当你开始读书、当你开始思考，它将会存在于你的举手投足和其他你意识不到的不经意瞬间。阅读经典的意义就在于"已识乾坤大，犹怜草木青"。

当速食文学、快节奏阅读成为主流之后，又有多少人能静下心来拿起书读下去呢？又有多少人能够不带任何功利性地去接触这些永恒的经典呢？在现代学科划分的背景下和技术为王的氛围下，文学自然被大众归为了"无用"的一类，但文学真的是无用的吗？它蕴含的是无用之力量。这种力量如水，我们可能会因为习以为常而忽视，但绝不会否认其中蕴藏的力量和存在的价值。为了保护我们的思想不受侵害，为了能够与侵入我们的思想使我们日渐沉默的力量抗衡，我们必须学会阅读，用阅读激活自身的想象力，用阅读培养自己的意识，我们需要阅读来保卫和维护自己的思想。

第一次担任小班助教，就需要单独直面大学新生，对于没有大学教学经验的研究生而言无疑是一个巨大的挑战。如何迎接和化解如此巨大的挑战就构成了我这学期担任助教面临的重大且亟待解决的问题。为了化解这一问题，我总结了三个需要着力的方面，分别是课程、课堂和学生。

课　程　为　本

人文社科经典导引选取 12 部中外伟大著作，从不同角度切入一个共通的主旨：如何成"人"。《论语》《史记》《红楼梦》等 6 部中国经典，既融通儒道释，又覆盖文史哲，其核心问题是人的仁爱、感悟与超越。《斐多》《论法的精神》《国富论》等 6 部西方经典，从古希腊罗马，到文艺复兴、启蒙运动，其核心问题是人的自由、理性和审美。

人文社科经典导引课程属于新开课程，部分同学并不理解为什么一定要开设这样一门课程，在不断思考上课的意义和价值。如果一直处于这样的迷茫阶段，将造成消极上课的不良情绪。因此，在课堂上主动与学生们探讨参与课程的重要意义，与同学们分享学习经典的快乐。

作为助教最重要的工作即开展好小班研讨，这也是担任助教最重要的责任之一，所以我十分重视小班研讨。不仅希望能够简单地组织小班研讨，更希望能够在小班研讨过程之中启发同学们对于经典的主动学习、对于课程的积极参与、对于问题的深入思考。在本学期共组织了8次小班研讨。在其中努力凸显作为一名小班助教的作用：课程开始之前征集大家意愿进行小组分配、发放选题并组织大家选择、督促各组同学积极准备；课程过程当中现场组织各小组进行展示、及时点评小组及成员表现、实时记录学生发言情况和小组表现；课程结束之后汇总课程情况并记录分数。

课 堂 为 纲

小班课堂是同学们汲取知识、展示自己的舞台。为了给同学们提供良好的学习平台，打好之后表达交流展示的基础，组织好每堂课程变成了我作为一名小班助教的重要职责。在组织方面，积极征求同学们的意见，及时优化同学们的参与体验。小班研讨课程设置的初心就是为了给大家展示平台，让刚进入大学的新生们不再惧怕输出观点。因此在鼓励学生积极参与、放下畏首畏尾的害羞情绪方面费了很多心思。在课程开始就力图和学生们保持友好关系，以过来人身份讲述参与研讨、学习经典的好处优势，主张每个人都积极主动参与研讨。在课程中，鼓励赞美主动展示与主动发言的同学，肯定他们的表现；对于不愿意参与，习惯躲在幕后的同学，上课时会特意关注、专门提问，给予发言机会，同时课下还会主动询问不愿意参与展示讨论的原因，和他们深入沟通，解除他们的心结，鼓励多参与、多发言。

课堂上除了传播知识以外，提高班内同学上课兴趣也是一个重要的考量标准。同学们参与课堂的积极性愈高，课堂开展就愈顺利、愈成功。在保留主题的前提下，支持班内同学们主动接触、融入多种展示形式，增加课程趣味、提高大家参与度、减少走神情况、活跃课堂氛围。多种形式的融合收获了较为良好的效果，同学们普遍在新颖的展示形式中更为专注，对于知识的理解也在新形式的准备之中更加深刻。

学 生 为 主

　　小班研讨并不只是开放给同学，作为助教在课堂中也一同参与讨论，感受不同年龄段、知识背景下的思想碰撞。我们一共进行了八次小班研讨课程，我也尽量在其中扮演一个辅助者的角色。课堂上助教是作为老师存在的，需要维持课堂纪律，保证课堂讨论有序展开；课下可以与学生保持良好关系。为了与学生保持良好关系，积极在群内发言，鼓励大家在群内随时分享想法，产生思想碰撞；主动与同学们进行沟通，了解他们对于课程的想法，为他们准备小礼物……

　　一学期的课程中我听到了大家很多有意思、有深度的观点，也见证了一部分同学们的成长。这些琐碎的变化拼凑构成了我们上课的意义。在引导大家从不同角度不同视角进行思考和学习；在不断点评的过程当中对同学们展示出的优点予以及时称赞，如在展示过程中表现出的条分缕析等，对同学们表露出的缺点也第一时间指出，如小组内部分工不够明确等等……在这些过程当中锻炼了自己对于不同观点的点评能力，提高了自己的思辨能力，收获很大。

图 6-1　王锦州、杨剑飞同学正在讲述"知其不可为而为之"与"知其不可为而不为"之争

我与"知天成人"的人文社科导引课

赵　龙　中国传统文化研究中心 2019 级硕士研究生

《庄子》有言:"知天之所为,知人之所为者,至矣",在我心里,武大的人文社科经典导引就是一门指引人"知天成人"的课。这不仅是因为这句话就印在人文社科导引教材的扉页,而且是因为,自己四个学期的助教经历正是这句话很好的注脚。

知:知助教、知课程、知新识

许多年以后,在重回武大时,我一定会想起在工学部"大创"上新助教培训课的那些夜晚。那是在刚入学的时候,几堂培训课稀里糊涂下来后,似乎什么都知道了,包括要怎样使用"学习通"之类的工具,又似乎什么都没懂。培训课内容早已模糊,当时的感觉和一件趣事却记忆犹新。有次课我听到座位后面的对话:"鲁老师,你听明白这个怎么用了吗",出于好奇,我在教学群的成员名字中对号入座,时至今日仍然记得当时的内心 OS:"原来是他""原来老师们也来听培训"。

培训完自选上课时间,周三第 1—2 节。9 号出了排课表,11 号第一节大班课,也不知道准备什么,又是稀里糊涂就去上了。还好是助理助教,大班课没有任务。在当天中午有个助教午餐会,又是听又是问,才算是对一周后的小班课心里有点底,因为自问我已经掌握了:课前准备、Quiz、小组展示、小班老师点评这几个环节,知道在这几个环节中我该做什么。

可是真的掌握了吗?完整地经历了第一次小班课才发现,还有很多需要去认知的。毕竟有很多时刻,不怎么能划到某一环节,很多情况,也需要亲手去处理过才知道该怎么做。那学期小班老师是葛建廷老师,出乎我意料的是,他很信任我,明明我是"新来的"。为了他的这份信任,也为了在他一次次问我"接下来?"时可以应对自如,我请教大班助教李远学长，也和其他助教交流，才堪堪上道。

仅仅知道怎么做助教也不够，要对课程内容足够了解。我又不情不愿地去翻看教材（毕竟对于一名文科研究生来说，有很多内容没有新鲜感和吸引力）。学习了教材之后，我收回了成见，因为在教材里我似乎看到了一门有自己独特想法的课程。这很诱人。于是我开始认真听大班课，那学期大班课是李建中老师讲授，中西贯通、精彩纷呈自不待言，让我学到了很多新知识。

等我知道了助教该怎么做，对课程有所体会，也收获很多新知识的时候，第一学期的助教课悄然结束了，心里有种不过瘾的感觉，于是就有了下一学期。

天：从"规天矩地"到"浑然天成"

本以为做助教是"天不变，道亦不变"的简单重复，没想到有疫情，也没想到要上网课。在通识中心团队的指导下，在与众多助教同学的一道摸索中，我再次担任助教的研一第二学期开始了。刚熟悉线下怎么当助教的我，又要近乎从头去学着准备和组织网课，偏偏这一学期我是大班助教。从主动联系大班老师的那一刻开始，懒散的个人风格被我藏了起来，取而代之的是一个厚着脸皮的笨小子风格。不论是大班课还是小班课，每节课我不厌其烦地和老师确认各种细节，不分课前还是上课时，抑或课后。很感谢那学期的刘重春老师和鲁家亮老师，是他们包容我的笨拙、配合我的工作。

与之前做助理助教不同的，不仅仅是要联系大班老师、同时管理大班小班，而且要参与课程（主要是小班课）的设计。采用哪种形式，包含哪些具体的环节，流程是怎么样的，如何分配时间，怎么调动学生，需要哪些制定规则，仿佛有数不清的问题在等着我。好在两位大班老师从未失联，小班老师和助教们也是及时回复，助教总管张楠学姐也经常在群里解难答疑，我才得以顺利地全程对着屏幕（而不是面对面）解决了这些问题。

窃以为，做助教设计课程也可以套用"知天"的大道理，如果比作写文章，那最好是能写出一篇浑然天成的文章。但作为一个没有多少经验的新手，只能是规天矩地、有样学样。我先借鉴之前大班、小班课的经验，李远学长上传给学生们的人文社科经典导引课程注意事项PPT被我反复打开学习。然后和老师沟通，确认他们对课程的期许和要求，结合老师的意愿和已知的范式进行设计。这个过程不是一气呵成的，而是反复沟通。最后是发布给学生，通过学生收到通知后的反映和一次次的课程实效，再对具体的方案进行调整。

越是艰难繁复，越能锻炼人，这一学期的助教做完之后，我对这门课程就非常熟悉了，一些具体的能力也得以提高。心里不由得有些飘飘然，自认为已经实现了从"规天矩地"到"浑然天成"的转变，殊不知还有新的挑战在等我。

成：成就自我、成就学生

研二的第一学期，我一开始并没有报名助教。张楠学姐在群里说，缺人，希望老助教们报名。抱着救场的心理，我又说服自己参加了。最终成为独自负责一个小班的带班助教，这是我没有体验过的。

与之前的大班助教或者助理助教不同，除了一些大班老师规定好的，小班课的每件事都需要自己来操心，即便是对课程比较熟悉，也不免有些压力。最大的压力来自于要做点评。第一次点评，有点荒诞和愧疚，明明自己也未必比学生多懂多少，就在指点学生。可以说是因为这种愧疚感，也可以说是因为学生们的精彩表现，促使课后自己去"充电"，去提升自己。经过一些努力后，点评的质量提升了，从一开始的只能聊态度、准备工作、展示技巧，到可以结合问题和所选经典的主旨。

学生成就了我，我也很想调动学生的积极性来保持他们的优秀表现。于是我借鉴了一些老师和助教赠书的方法。学期中的一节小班课，我承诺奖励每节小班课表现最好的小组（或者个人）一本书，在最后一次小班课给大家。虽然不是重赏，但大家都很积极，每次课的表现都很好。最后一次小班课我兑现了承诺，还记得专门托人帮我做了可以点击图片翻转的"高技术力"抽奖PPT，大家一起抽签看结果的时候，真的很开心。

人：落脚点终归是人

经过三个学期三次不同的锻炼，大班助教也是第二次做了，第四次做助教就心理上轻松了许多，难免有些疏忽大意。这就导致犯了一两个错误。

有一次是辩论，安排的规则是一辩到四辩，部分小组的人数不止4个。有个小组在小班课前一天请求我，让第五个同学也可以上场。参与意愿强烈是好事，我就答应该同学在自由辩环节也可以发言。到了辩论现场，这一组的对手发现了问题，有个同学很勇敢地质问我为什么对方组可以有五个人。我很是窘迫，解释了原因，并且承认了自己的错误。责任在我，是我临时变更，却没有公平地对待其他小组。还有一次，是最后一节小班课下课前。这次小班展示的水平大不如前，但毕竟是结课，学生表现和期末季也有很大关系。对此文建东老师作了很好的总结，火候把握得很好，我也有发言。可就是在等一个同学来帮忙合影的间隙，我竟然没有忍住，又把学生们批评了一遍，措辞也缺乏温和。虽然学生们没有表示什么，但自己事后想起，总觉得是自己做的不对。

这两次错误放在两年的助教经历中可能不起眼，可却是代表性的，它暴露了我对学生权利的尊重还不够，对学生的教育方式失之单一。借着这个机会回头看，才发现这两年确实有一些做的不对的地方。原来我一直沉迷在搞清楚这门课，搞清楚自己要做什么，而忽略了最关键一点，无论是什么课，落脚点都应该是人，都应该是学生。学生的成长需要指引和关怀，学生的价值需要得到认可和尊重。更何况我们这门人文导引课，最是注重学生的"知天成人"！可这些最简单不过的道理，直到最后一次做助教，我才在错误中悟到，真是悔之晚矣。有时候夜深人静时，难免觉得这会是我永远的遗憾，而这些遗憾，将会和同样永远的快乐一起，封存在名为助教经历的时空。

后记：在此郑重感谢遇到的大班老师李建中、刘重春、鲁家亮、潘迎春、袁劲、文建东等几位老师，从他们身上学到很多！感谢所有遇到的小班老师以及助教同学的配合与帮助！感谢通识中心的黄舒老师和助教总管张楠、吴乐艳两位学姐！特别感谢一起经历了这些美妙课程的2019级哲院、马院、经管院，2020级历史学院、经管院的几个班级的每一位同学！

图 6-2　土木建筑工程学院 2021 级 1 班 3 小班合影

邂逅人文，期待花开

——记我的人文导引助教经历

冯　心　中国传统文化研究中心 2021 级硕士研究生

曾经，我作为一名高中语文老师，和学生一同开启一场为期三年的高中语文之旅。

如今，我身在武汉大学，有幸成为了人文导引课程的一名助教。学期将尽，人文导引之旅暂时落下帷幕，纵观这一路，我满载欢喜，亦心存感激。

一、启人文之旅程，思课程之意义

"老师，学习语文到底有什么用？"

我的学生曾经问过我这样的问题。在语文学科上的投入和付出常常难以成正比，整天背诵的古文、古诗能在默写时拿到最多六分，可是到将来毕业，这些背熟的古诗、古文又能值几个钱？它能为我创造财富吗？它到底有什么用？

处于高中阶段的学生们，彼时正处于世界观形成的年纪，受到多种学科的浸润而不自知，在高考的追赶下，他们跌跌撞撞冲向前去，却未必知道自己该去哪里、会去哪里，也未必能明白或者说得清当下做的每一件事情的意义。从"语文到底有什么用"这个问题延伸，可以推出"文学到底有什么用""人文到底有什么用"的追问。其实，这样的追问也一直萦绕在人文导引课程的学生心头。

"学习人文导引课程到底有什么用？"

学生们曾经在小班研讨课上试着就这个问题给出他们的回答。剑锋说人文导引课程可以为基因工程提供价值导向，让科技更具人性，更有温度；一田说人文导引课程带给他们的是思想上的熏陶，这种熏陶是潜移默化的；劲辉说人文导引课程让他发现了更真实的自己，学会用另一种眼光来看待人生；映霖说人文的作用感觉有些说不清道不明……

人文的意义是什么？大抵很难有人能真正说清。如果我们转而凝望当下，会发现驳杂无效的信息已然占据人们的视野，我们被囚禁于信息茧房中，真相暗掩，思考虚浮；在两点一线的机械生活中，我们渐渐变成单向度的零件，感官麻痹，无暇悲欢；当"娱乐至死"如病毒般无孔不入时，在哗众取宠的狂欢中，众人心智迷失，价值错乱；当肤浅直接的感官刺激成了大势所趋，精神的原野慢慢了无生意、草木凋残……在"乱花渐欲迷人眼"的大千世界，我们常感身在此山，却难识面目，迷失于途，望不见来路。

人文如同破开迷雾的一束光，以其智慧的光芒来烛照现实。人文赋予世人一双悲悯的眼睛，于尘世万象中，洞察世间，平视苦难；人文也让世人学着探寻苦索，于生活的琐碎里追问人生的意义，在这里，我们尝试如尼采所言孤独起舞，也尝试仰望康德眼中的浩瀚星空；人文教世人以凝视过往，在时间的起源处，追溯着"存在如何存在"的缘由，让人类得以鉴过往而知未来。帕斯卡尔说："人是一棵会思想的苇草"，人文的滋养使这棵苇草的身姿更加舒展，也使它的思想愈加坚韧。

我的学生对语文学习的意义表示疑惑时，我曾说："如果你现下还未体会到它对你的作用，也请在心中保持对它的敬畏。"而在每次小班研讨的总结环节中，我也与大一的学弟学妹们这样分享道："也许你尚未明白人文的意义到底是什么，也可能意识到却难以诉诸于口，但无论如何，请你放下偏见，不要带着任何预设的立场，不要带着所谓有用或者无用的判断，也许你才能收获更多。"

毕业后的学生常常会回忆起当初在语文课上的收获，而人文导引结课时，我也收到了来自小班学生的感谢，虽然一开始并不能体会，但这一路看到的风景却留在了他们的心里。我想，人文就伴随在我们身边，人们常常日用而不知，也常常悠然心会而欲辩忘言。也许人文的意义就在于，让我们学会不再以"用和无用"作为判断的标准，帮助我们走出现实功利主义的陷阱，让心灵真正与自然万物接轨，有一处能安放灵魂的所在。不问价值，不求功利，让我们成为一个完整的、真正的、不被尘世牵绊的"人"。

二、喜当下之交汇，冀未来之花开

人文导引助教的契机，让我得以认识了一群各具特点而又同样优秀的小朋友。我们一同走进《庄子》天地与我为一，万物与我并生的逍遥之境；一同聆听了《红楼梦》里"悲凉之雾，遍披华林"的深深叹息；在席勒处参悟审美，在罗尔斯那里探讨正义，在孟德斯鸠的理论里思考权力……我也有幸见证了他们的进步和成长：他们从PPT菜鸟进化成课件大师，每次研讨PPT风格各异，简洁又重点突出；一开始把汇报当成是任务的他们，也慢慢成长为演讲高手，甚至也形成了自己的演讲风格；小组的合作更加密切，不仅是发言人展现风采，在问答和点评环节同样可圈可点。尽管每一个同学个性不一，有人外向，有人寡言，有人胆大，有人内敛，但是他们突破舒适区迈出的那一小小步，却有着独特的意义，这一小小的步伐，如今也许看不出什么，往后再回看，将会发现经由这一小小的改变，他们必将收获更大的人生惊喜。我很荣幸可以见证他们的成长，为他们的精彩表现而鼓舞，为他们的愿意尝试而欣慰。

我很感激，我与这些小朋友的记忆，不仅仅来自于小班研讨课上和他们的碰撞和交流，在放学后的中午，我曾和他们散步在信部的林荫道上，讨论着社会的热点，借由他们之口，了解了最近学院里办的辩论会；我也和他们在信部的食堂相遇，于是一起交流着对人生的思考和经验；我也曾聆听他们给我讲述的关于东北超冷的雪和家里人都穿着的厚厚的羽绒服，借由这样的分享让我得以想象一种我从未见过的光景。

他们来自计算机2班的小班3，我们的相遇只有短短的一个学期，但他们也在我的人生旅程中以各自的璀璨留下了姓名：在课程伊始就主动要做组长并且率先与我交流的莱莱、映霖、乐言和路歌；每次发言都言之有物的家森；每次都在群里热情互动的定坤；在表演课上演技惊艳的迎烁，还有在表演过程中，即便没有台词也依然演技在线的一诺；极受思考又才思敏捷的剑锋；羞涩却认真的宇轩；每次都会真诚道谢并且表达自己的瑞年；沉稳可靠的长毅；每次写研讨总结都十分认真的槿槿；总是能给大家带来快乐的一田；腹有诗书气自华，每次阅读都十分认真用心的乐言；每次点评都目光锐利并且很有想法的烨文；每一次都会有小进步的凌波；观察仔细并且才华横溢的书铭；用心生活、细腻真诚的有心人劲辉；睿智耐心、对生活很有洞察的洪蔚；容易害羞却每次突破自己的明彦；充满正能量又谦逊好学的岩岩；阳光活泼、极好相处的童祥；风格明显、充满激情的演讲大师洋洋；很有礼貌且低调不张扬的曦曦。相处的时间和机会并没有太多，但是每一次我站在讲台上对本次的研讨小课进行总结的时候，他们总是认真而真诚地注视着我，因为我的玩笑而发出笑声，对我的观点表示赞同。每当我站在讲台上，被他们眼神中传达的善意包围的时候，我感觉我的当下和过往三年的从教经验好像有了奇妙的交汇，我在讲台上分享着，从前是在高中的课堂上，现在是在武大的教室里，时光不复过往，台下的学生亦是新的笑颜，但于我而言，变的是此间人事，不变的是那一颗真诚的心——大抵是希望能分享一些自己的关于人生、关于生活的真诚的看法，如果有些许帮助，那么就足够了。

每次小班结课后，我走出信部教2栋的教室，漫步在信部的操场上，很幸运的是，几乎每一次都是晴天。校道上的梧桐从绿叶变黄，再到飘落，可每一次抬头都能看见晴朗而湛蓝的天空。校园里都是放学了四散向各处的学生，人潮来往，耳边也听得见飘来的欢声笑语。蓦然回首来路，原来已经行远。所有的相遇都会有离别，所有的开始都会有结束，但这一程与人文导引的相遇，也成为一个重要的确幸，烙印在和武大有关的记忆里。

图 6-3　我正在点评小组展示成果

图 6-4　结课合影

感谢与人文导引课程的这一程相遇，让我能以新的身份徜徉在人文之海中，让我认识了一群优秀的小朋友，也让我的过去和当下有了奇妙的连结，予我新的生活的小惊喜。感谢相遇，期待下一程的花开。

图 6-5　我为每位同学准备了结课礼物

关于助教的二三事

吴一丹　信息管理学院 2020 级硕士研究生

作为一门面向大一新同学的基础通识课，人文社科经典导引课程旨在引导同学们完成身份转换和自我认同，培养广泛文明的兴趣和君子博雅的品行。正所谓"博雅弘毅，文明以止，成人成才，四通六识"，人文社科经典导引这门课程的关键字便是人，我有幸两次担任人文社科经典导引的课程助教。在课程的学习过程中，大班主讲老师以及小班研讨内容要不断地去思考何为人、成为何人，以及何以成人这三个问题，这也正是学习这门课程的意义所在。

人之所以能区别于其他生物而存在，关键就在于人具有关于身份认知、历史回忆与未来想象的意识和探索精神，这种精神在漫长的历史演进中，便以经典著作的方式传播和发展。因此，这门以人为关键字的课程，其主要学习方式就是阅读经典。《人文社科经典导引》教材从不同角度精选了十二部中外经典作品，无论是《论语》还是《红楼》，抑或《斐多》等，这些作品都有一个共同的主题，即关于如何成"人"。

在学习西学部分《历史》编时，小班研讨形式为传统的 PPT 形式，其中一道辩题如下：希罗多德《历史》提到，"每个民族都深信自己的风俗才是最好的"，"风俗主宰一切"。真的是这样吗？风俗有没有高下优劣之分？班上有同学以恩格斯的观点、刘慈欣在《三体》中的观点为论据，阐述了"人创造了历史"的观点，是我们每个人的分力形成的合力共同推动了历史的发展。也有同学以滑铁卢战役为引子，论述在关键的时刻做不同的选择，历史的走向可能因此改变；再通过国外观点及中国近代发展历程，明确表示了人创造历史的观点，并提出自我发展的主宰者是谁这一问题。潘迎春老师在点评中提到，风俗是长期历史进化过程中形成的，不是一蹴而就的，每个民族的风俗都有其特点，即使在当时的历史环境下被人民广泛接受，也要避免"存在即合理"的误区。我们可以不认同其他民族风俗，但是我们不能干涉。

在学习西学部分《论法的精神》编时，小班研讨形式为辩论，在针对"规则保证自由还是限制自由"进行辩论时，班上同学们各抒己见，极为精彩。正方从自由的定义和规则的定义展开立论，主要从两方面进行辩论，一是规则使原本没有自由的人获得自由，二是规则保障人们的自由，使人们不丧失自由。反方则提到，规则虽在一定程度上可以保护我们的生命财产，但它更多的是限制人的精神自由和人身自由，并以教育和提倡创新等作为典型例子进行论证。

在学习西学部分《国富论》编时，同学们针对"人是利己还是利他"展开了精彩的唇枪舌战。正方辩手主要从大同社会的愿景进行论证，认为在历史上古人更加利他，而社会的不断进化导致人类的利他性不断降低。反方辩手认为利己利他的讨论其实是在自己和他人利益出现矛盾的时候，如果自身利益和他人利益未出现冲突，那就没有讨论利己或利他的必要。潘迎春老师在点评时指出，大家在研讨的辩论中要加强研讨内容与课本内容即《国富论》的联系，不能脱离教材。

在学习中学部分《论语》编时，其中一道研讨题目为：《论语》有曰"己所不欲，勿施于人"，那么"己之所欲"，是否"可施于人"？班级中第二小组的同学进行了精彩的PPT展示。他们认为，首先应该明确"施"这个动词的基本释义，在词典上它更多地被理解成"给予"和"在物体上加某种东西"，无论我们取意于哪种见解，"施"这个动词都更多地带有一种主观色彩，简而言之，"施"更多的是让对方被动性地接受。现代社会是一个价值多元的社会，在遵守法律的前提下，人们在精神信仰领域和私生活领域都享有了越来越多的自由。这是一个合理化的进程，而"己所欲，施于人"则是这个进程中的消极因素。我们每个人作为不同的个体，拥有不同的追求和想法，无论是"己所欲，勿施于人"，还是"己所不欲，勿施于人"，其中心思想殊途同归，那就是强调对他人的尊重和关爱，这也是儒家思想的中心——仁。人除了关注自身存在之外，也要关注他人，毕竟人是一切社会关系的总和，只有带着对彼此的尊重和理解，社会才会更加温暖和谐。

在人文社科经典导引课堂中，同学们都能够发挥自己的主观能动性，积极参与每一个课堂环节，在这个思想的自由市场中，主讲老师是供给者，同学们是需求者，但反过来，同学们亦是供给者，主讲老师亦是需求者，师生能够碰撞出不一样的火花。阅读，包含通读和精读。人文社科经典导引作为一门通识课，虽然不要求大家将这些著作全部精读，但也希望每一位同学通过这门课的广泛涉猎，可以有自己的思考，对社会现象和人的发展有自己的认知。但在一学期与同学们的相处和学习中，我深感愧疚，同学们对经典著作的理解和掌握其实往往要比我更深入，这也是我需要向同学们学习、进行自我提升的主要方面。

这学期助教工作圆满结束了，我也从中收获了很多。助教虽然更多的是协助教师完成课程任务，不能够算作真正的教师，但学生助教也承担着重要职责，充分实践了教学相长的教学理念，在课堂中与自己所带学生获得了共同成长。经过两个学期的助教工作，我对教师这样一个职业也有了更加深刻的认识。教与学是一个相互促进与相互学习的过程，在课程期间，我不断巩固和强化了自己的理论知识水平及与人沟通交流的能力，不论是老师的讲解还是同学们讨论中的种种观点，都使我眼前一亮，获得了思考问题的多种角度，受益颇丰。

以上便是我这学期担任助教的所思所想，很荣幸能和严肃可爱的同学们一起学习共同成长，期待下一次相遇。

埋下一枚"修行"的种子

郑文哲　文学院 2020 级硕士研究生

最近网络上非常流行一个自嘲的词："打工人"。这固然是一句玩笑话，但也从侧面反映了当今社会的时代症候，即人越来越异化为宏大社会上的一个冰冷的原子。当人从"目的"变成一种"手段"，代价就是自我形象不断坍缩、动摇，从一个个鲜活的个体变成面目统一、没有个人色彩的无情"打工人"。

在这种情况下，开设人文社科经典导引这门课意义重大。这门课程能让同学们有机会提前去思考"人"为何物、"自我"是什么，以及应该如何察觉、处理自我和宏大社会之间的关系。通过阅读中西人类思想史上的经典，同学们可以与先贤智者对话，让他们为我们答疑解惑，告诉我们何以成人、何以知天、何以博通、何以雅正，在往后的人生中，时刻提醒我们自己是一个有个性和灵魂的个体，而不是冷冰冰的打工机器。在茫茫宇宙中，人只是一颗芦苇，但应当是一颗会思考的芦苇，我在正式上课前就期待这门课程会是一粒种在同学们心中的珍贵的种子，引导同学们在今后不断思考"人生"这个大课题，时刻保持自我警醒和自我察觉。

在形式上，人文社科经典导引课程结合了大班授课和小班研讨两种形式，后者是对同学们的合作能力、思考能力、研究能力、创新能力的一次极佳锻炼，有利于帮助同学们的思维从应试教育模式向学术研究模式转变。本课程涉猎古今中外的经典著作，"东海西海，心理攸同"，我们开设这门课程的目的，就是希望同学们能踊跃"开脑洞"，不必拘泥于传统，有自己个性化的思考，既要做到"我注六经"，更要做到"六经注我"。

而在这一门课上，水利水电学院四班的同学们无疑给了我满满的惊喜，让我坚信这门课是真正有价值、对同学们的成长有帮助的。每一次展示中，我们都能看出同学们的精心准备。他们不仅言之有物，还有自己独到的观点；尤其是每组发言后的讨论，有来有往，唇枪舌战，"恰同学少年，风华正茂"，充满了少年人的锐气。还记得在《论语》的小班讨论课上，同学们讨论到孔子的"君子"观时，有同学犀利发问：这世上不可能存在符合孔子标准的"君子",如果没有人可以达到"君子"的标准,那这个标准到底有什么意义呢?这个问题引发了同学们的思考。有同学的回答让我记忆犹新,他说,正是因为君子是一个理想化的概念,我们才会去追求它,就像绝对的公正、真理是不可达到的,但是我们却依然不断追寻,这些理想化的东西正是我们要终生追求、靠近的目标。

好一个"终生追求"!人固然不可能完美,但"君子"却是一场终生打磨的修行,在修习的过程中,所有人是"路漫漫其修远兮,吾将上下而求索"的行者。正如我们的人文社科经典导引课程,其目的并非期望同学们能在一朝一夕间完成"蜕变",而是期冀能让同学们抬头看到"理想"的星光,以"君子"的标准"就有道而正焉"。卢梭在《爱弥儿》中如是说道:"我们生来就是软弱的,所以我们需要力量;我们生来就是一无所有的,所以需要帮助;我们生来就是愚昧的无知的,所以需要判断的能力;我们在出生的时候所没有的东西,我们在长大的时候所需要的东西,全都要由教育赐予我们。"成长本身就是不断完善的过程,这正是我们希望同学们牢记于心的人生课题。

同学们的发言和思考不仅让我感到欣慰,也敦促我不断进行思考和学习。我随着同学们一起重温经典,读《论语》,也读《论法的精神》;读《红楼梦》,也读《审美教育书简》;读《坛经》,也读《斐多篇》。许多在本科时期已经读过的作品,依旧常读常新,每每有新的感悟。我跟随同学们一起思考"现实生活中一些公权力超出权力范畴侵犯私权时,我们能怎么做?""利己在与社会利益相背时应该怎么办?"在一些课堂上,经典与时事的碰撞还擦出了不一样的有趣火花,例如在讨论《红楼梦》时,其中一个讨论题目就是:"假如贾宝玉得了新冠,他最容易传染给哪五位,他最不希望传染给谁?为什么?"通过这个有趣的题目,我和大家一起重温了贾府的制度构造、人情世故,甚至还学到了许多关于新冠的病理学知识,以我之前从未设想的角度新读了一遍《红楼梦》。古者有云:"教学相长",担任助教,也是我和同学们一起成长学习的过程。

担任助教,有苦有乐。在实践锻炼方面,本人经历了一学期的助教工作,首先领悟到了责任心的重要性。作为一名助教,不仅要努力做好消化课堂内容、准时到岗,为同学们做好榜样;此外,还要时时关心同学们的学习情况、小组研讨情况、作业提交情况,为同学们的顺利结课做好保障工作。一学期的助教锻炼,也充分培养了我耐心和细心的品质。为了保障小班研讨的顺利进行,笔者与同学们多次沟通,了解同学们学习上的困难之处,帮助同学们确定选题、分配好小组工作,等等。在期末交作品期间,笔者也与同学们多次交流,帮助同学们适应从高中到本科的研究模式转变,学习论文写作。对于部分论文写作存在困难的同学,笔者多次鼓励、指导,直到同学们顺利提交作业并通过查重。助教工作充分锻炼了笔者的各项品质,收获颇丰。

梁启超先生曾说:"学问固贵专精,又须博涉以辅之。况学者读书尚少时,不甚自知其性所近者为何,随意涉猎,初时并无目的,不期而引起问题,发生趣味,从此向某方面深造研究，遂成绝业者，往往而有也。"这次课程覆盖哲学、经济、美学、历史、文学各个方面的人文社科经典，虽然已经结束，但我们全体老师和助教都祝愿同学们能在学习的过程中发现自己感兴趣的领域，让这门课程成为同学们学术兴趣的开端，也成为同学们"君子"修行的开端。

我与武大通识

张馨月　教育科学研究院 2019 级硕士研究生

或许，我与武汉大学的通识教育有着冥冥之中注定的缘分。

怀揣着对教育的期待和喜爱，我来到了武汉大学教育科学研究院攻读硕士研究生，我的导师冯惠敏老师是通识教育研究方面的学术界大牛。受到导师的影响，我对于通识教育产生了浓厚的兴趣，并被这样一种人本的、反功利的教育思想深深触动。在这个讲求效益、将人作为材料和手段的社会中，通识教育成为了唱反调的逆行者，它把人作为目的和最终目标，希望通过培养人的综合素质，发展人的德行和理性，激发人的创造性和批判思维，引领人找到毕生所爱，拥有获得幸福的能力。

出于好奇，我对武汉大学的通识教育进行了调查和了解，发现武汉大学的通识教育正是秉承着这样一种教育理念和目标，在国内的高校中独具特色，从"武大通识 1.0"开始，不断进化为如今四大模块、两大导引的"通识教育 3.0"。以人文社科经典导引和自然科学经典导引为通识教育的代表课程，为大学新生提供人文和科学两方面的通识课程，双管齐下，文理兼顾。在两大导引课程中，学校创造性地采用了"大班导读，小班研讨"的方式，一学期总共 16 节的课程中，大班和小班课程交替进行，大班授课使学生获得知识、启迪思考，小班研讨为学生提供探讨与展示的环境。由于小班研讨的人数一般不超过25 人，并且配备一名小班通识教师和一名小班助教，课堂氛围活跃，使师生能够全面参与到课堂活动中，收到良好的教学效果。

因此，当在公众号上看到武汉大学的人文社科经典导引课程招收研究生助教，我毫不犹豫地报名参加了。第一学期，经过为期两周的系统培训后，我作为一名小班助教正式上岗。记得第一节课前，我感到有些紧张，因为虽然我已经掌握了助教需要负责的武大通识教育网络平台操作流程，对于如何在课堂中更好地配合老师完成课程任务，如何与学生沟通交流与答疑解惑，如何做好老师与学生之间的桥梁，促进课程良好地、顺利地继续开展，我缺少经验。我将那本厚厚的绿皮书人文社科经典导引翻了一遍又一遍，并查阅每本所提到书籍的相关资料，做好的充足的准备。第一学期，我们的大班助教胡岩是一位很负责任的男生，一开始面对我的诸多问题都给予了耐心的解答，在他的帮助下，我很快掌握了小班助教的基本工作。我主要负责两位小班老师的小班研讨。课前，我需要在系统中发布限时十分钟的小测验，小班学生能够在手机上接收试题并完成围绕所学经典名著的选择题，一共 8 次小测，最终以 20% 的占比计入期末总评成绩。课上，我需要配合小班老师开展研讨活动，走入学生小组，听一听他们的讨论，并回答一些疑惑。比较常见的活动为小组讨论、PPT 展示和戏剧表演。印象很深的一次是我带的小 2 班的一名学生对《庄子》的课堂小测答案提出了异议，我和小班老师没能给出令该生信服的解释，我对他说问过大班老师之后再给他答复。课后，当我通过 QQ 告诉该生大班老师的解答后，该生深表惊喜和意外，他说："我以为你们就是敷衍一下，不会帮我问，也不会给我回复了。" 当时，我深深感受到了作为一名助教的使命感和责任感。每节小班课后，我都会整理好课堂的内容和上课情况反馈给大班助教。这个过程中，学生们的表现常常带给我惊喜。记得一节小三班的《史记》小班课上，第一组的同学们准备了鸿门宴的表演，仅仅以扫把作剑，讲台为席，便构建起了一出好戏。他们还创造性地加入了当下流行的文化符号和语言元素，实现了古今融合，将历史融入当代潮流，为历史注入了新的生命力。我不禁惊叹于学生的创造力与表演才能，更为我校通识教育能够激发出他们的想象与创造感到骄傲与自豪。

第二学期，我继续申请了人文社科导引课程的研究生助教，并成为了一名大班助教，大班老师是美丽优雅的陈溪老师。陈老师负责讲授较为难懂的西方文学，但是她好像有有种魔力，能够把复杂深奥的问题用简单的话语传递给我们，在我心中留下了温柔又坚定的瑰丽剪影。在讲授希罗多德的《历史》时，我仿佛看到了一张巨大的地图，随着希罗多德游历，他的所见所闻所想仿佛在我耳边一一道来；在学习柏拉图的《斐多》时，我仿佛看到了狱中的苏格拉底，面对死亡无所畏惧，愿意用生命验证灵魂不朽，既为他的死感到悲恸，又为他的思辨与逻辑所折服；印象最为深刻的是罗尔斯《正义论》中提到的"无知之幕"，陈老师提出了发人深思的问题：什么才是正义？或许我们无法给出完美的答案，可我相信，这颗追求正义、向往公正的种子已经在学生们的心中扎根，不经意间便会突然发现心上开出的正义之花。陈老师每节课的服装都是一整套颜色，非常搭配，凸显气质，她对我说过的一句话使我至今记忆犹新，"作为一名带领同学们欣赏人文之美的通识教师，我需要重视自己的形象，让学生们由内而外、发自内心地热爱人文导引这门课程。"

除了沉浸式的课堂体验，作为一名大班助教，我需要协调好小班助教的工作，建立小班助教与小班教师之间良好的沟通，管理学生事务，通知并督促完成一些学生事务，撰写助教心得，非常需要细致和耐心。由于学生转专业、换班级等各种调动，在期末统计学生成绩的时候，我忘记给一位转专业进来的学生加上他前两节课的小班研讨和小测成绩，导致他的期末分数少了将近 20 分。经过该同学的反映，我才意识到统计分数出现了错误。

虽然与大班老师和学生进行沟通，解决了分数的登记错误，老师和学生也表示理解，并感谢我的协助，但由于我的失误才导致学生的期末成绩出错，我还是感到了深深的自责，也重新认识了大班助教的工作，对于我来说或许只是一个数字，但对于学生，却是这门课程付出的心血和成果。第二学期，我荣获了"优秀助教"的称号，在此非常感谢陈溪老师、各位小班老师、小班助教和学生们的支持！

文章最后，我想说，作为一名教育学原理专业的研究生，我的职业理想是加入一线教师队伍，从事一线教师工作。非常感谢学校给了我这个担任助教的机会，也非常荣幸能够成为一名武汉大学通识教育核心课程的研究生助教。在这两学期，我感受到一名合格的助教需要耐心和细心，对于我来说，更重要的是勇气。需要相信自己可以组织好学生，配合好小班老师，从学期伊始的担心焦虑到学期末的自然与放松，我成长了很多。同时，我发现与充满活力和创造的孩子们交流，真的充满了神奇的力量，仿佛为我的人生注入了更多动力。通过助教工作，在面对今后的职业生涯，相信我也能够快速适应，倾心奉献。

我的助教生涯暂时告一段落，这段与学生们共同学习、共同成长的宝贵经历我必定会珍藏于心。期待有幸与可爱的学生们和敬爱的老师们再次相聚武大，相聚通识！

浅谈助教经历之所得

陈　伟　工业科学研究院 2020 级博士研究生

担任一学期的人文社科经典导引助教让我获益良多，有一些心得体会，想写出来与大家分享。

第一，担任这门课助教的同时，我也作为一名"学生"学习了人文社科中的经典著作，既增长了学识开阔了视野，也弥补了自己读本科时未曾有这门课上的遗憾，人文社科的通识教育能够启发我们对自己人生和未来的思考。

人文社科通识教育是围绕"人"这个主题展开的。我们的社会也是由"人"形成的，只要身处社会，就离不开与人打交道。人文社科通识教育的学习，能够很好地提升我们对人类社会政治、历史和文化的认知。尤其是在大学生刚步入大学校园时，这个阶段的学习能够引发他们多维的思考，进而在未来几年的大学生活中不断地去尝试实践，给自己的人生增添不同的经历，即便是失败的教训，也是珍贵的经历。我喜欢读《资治通鉴》，不过是现代白话版的《柏杨白话版资治通鉴》。历史涵盖了人类社会的政治、历史、经济、文化、哲学、军事等许多方面，读历史带给我最大的一个收获就是心态的坦然。既能坦然面对社会和自己身上发生的事情，因为大多事情历史上都发生过，又能坦然接受发生的一切，因为一切都会成为历史。

第二，意识到了人文社科导引课程在本科生培养时的重要性，大一新生犹如一张白纸，导引课程的设置对他们的人生观、世界观和价值观的塑造将会产生潜移默化而又深远的影响，这是通识教育的目的，也是武汉大学投入大量深厚师资力量的根本原因所在。

人文社科经典导引这门课程含金量非常高。里面的经典著作是由武汉大学众多资深教授学者精心挑选并细致编排的，授课的老师无一不是学识渊博的。这为我们节省了非常多的时间和精力。通过书中的节选部分，我们可以快速地了解这本书的思想，但要深刻认知其精髓，需要同学们课后阅读全文，在阅读全文的时候，一定要将自己放入当时的社会和历史环境去感知，这样能更好体会其内涵。

第三，学会了如何从老师的视角来综合评价一个学生的表现，有的学生很活跃，无论何种研讨形式都可以大方展示自己，有的学生在讲台上发言紧张，但台下发言逻辑清晰条例分明，他们都是优秀的，每一位学生都有自己的闪光点，需要不同的平台展示和不同的评判标准去挖掘。

很开心能有机会和同学们同堂学习这门课程，一起聆听人文社科的经典著作，一起交流讨论对人生的思考和感悟。

图 6-6　文学院 2021 级 1 班 1 小班 3 小组合影

我的"三个一"

李骏锋　教育科学研究院 2019 级硕士研究生

我于 2020 年 9 月至 2021 年 6 月担任武汉大学人文社科经典导引课程的助教。在得知自己被选上助教时，内心既激动又忐忑，激动的是能够一睹武汉大学名师大家及优秀学子的风采，忐忑的是担心自己能否完成这样的工作。好在有通识助教中心的各位老师以及负责同学的悉心指导，我不仅没有继续忐忑，反而游刃有余，并在第二学期担任助教组长。一年的助教时间不长也不短，于我而言，这段经历汇聚成了我的"三个一"。

一 份 期 待

人文社科经典导引课程的关键词是"人"，进一步引申出核心问题——"如何成'人'"。事实上，最终的目标还是人文化成。而在教育史上，曾经出现过形式教育与实质教育的争论，前者认为教育应当着重培养人的能力，而不是专业技术；后者则相反，认为教育应当重点教授知识，尤其是科学技术知识。在现代社会中我们不能把形式教育与实质教育割裂开来，而是既要培养专业知识，又要提升自己的发展能力。而人文社科经典导引课程扮演着形式教育的重要角色，基于此，虽然已经结束助教经历，但我对以后即将上这门课的同学也有一份期待。

首先，你需要一个更加开阔的思维。人文社科经典包罗古今中外的思想观点，东西方、历史与现代、孔墨等百花齐放，百家争鸣。这需要你抛开狭隘的思维，超越现有的观点，就如同你应当站在圆心上看事务，了解圆周上所运动的一切，而你自己则不需要参加这些运动。只有这样你才能超越有限的经验，从一个更高的观点看事务。

其次，你需要一颗善于思考的大脑。老子追求的"道"是什么？孔子追求的"道"又是什么？我们现在追求的"道"是什么？心外无物，山中花我不去看它，它就不存在吗？人文来自于生活。"不离日用常行内，直到先天未画前"。宇宙流转的大道其实就蕴含在每个人的日常生活中，人人皆可以从日常生活中追求真理。哲理来自生活，指导生活。

最后，还需要一群共同前行的学友。毛泽东曾以"二十八画生"为名召集进步青年成立"新民学会"，以"革新学术，砥砺品行，改良人心风俗"为宗旨，交流思想，共同进步。此后，从新民学会走出的人，在我国近代史上留下了浓墨重彩的一笔。人文经典引人深思，更需要你与志趣相同的学友相互交流，可以是老师，可以是同学，也可以是任何你觉得能够让你受到启发的人。

一次碰撞的经历

萧伯纳说："你有一个苹果，我有一个苹果，彼此交换一下，我们仍然是各有一个苹果；但你有一种思想，我有一种思想，彼此交换，我们就都有了两种思想，甚至更多。"担任助教期间，这种体会尤为深刻。

得益于小班讨论课的开展，我见识到了学生的优秀表现，打破了过去对工科学子的刻板印象，也深深体会到了思想交流所带来的诸多益处。在《国富论》中，同学们从理性的角度谈论利己与利他的关系，展示出生活中的经济学思维；在《红楼梦》里，同学们从文学的角度探讨书中的人物形象，揣摩文学意象的内涵；在《庄子》里，同学们从哲学的角度剖析中国古老智慧，畅谈道家玄学的思想……事实上，碰撞来自以下两个方面：

一是研讨形式的碰撞。主要分为学术会议式、艺术表演式、学术辩论式、PPT呈现式等四种方式，最大程度地给予每位学生充分的展示机会。譬如对于《红楼梦》的小班研讨课采取艺术表演的方式进行展示，要求同学们以话剧、歌剧、舞剧、情景剧、小品等形式展示书中的某个场景；对于《论语》则要求同学们采取学术会议的方式进行，先是分组讨论，让每位同学积极发言，然后每组指派一位同学，在小班会上做总结性发言。这些形式上的碰撞能够最大程度地展现出同学们的优势。

二是研讨选题的碰撞。主要是呈现出以下特点：既关照现实又继承传统，如《论语》课堂中关于"以'仁性'为关键词，谈谈何为孔子时代的'君子'和'小人'，这种评判标准的当代意义是什么？"的发问；既有道德思考又有理性反思，如《国富论》中关于利己利他关系以及与《道德情操论》的对比；既有美学体验又有人性深思，如《审美教育书简》的作品改编与《历史》的引人深思……不同的选题带来一次次思维的冲击，刺激了同学们追求真理"成人"的脚步。

研讨形式和选题带来客观上的碰撞，最终产生了思想碰撞的主观经历，这也正是人文社科经典导引课程的开课目的之一。这些碰撞的经历，既是属于学生的，也是属于我的，所谓教学相长，学生在学习的同时，我也在潜移默化中学习着。

一些难忘的收获

作为教育科学研究院高等教育学专业的研究生，一学年的助教课程下来，收获良多，主要体现在三个方面：

一是课程内外的收获。课程本身的内容对人启发很大，"成人成才"理念与"我是谁？我从哪里来？我到哪里去？"问题的结合也让我产生了很多的思考。同时，老师们在大班课上的讲解也吸引了我对这些经典的兴趣，本课程对于研究生而言同样有意义，在社会不断"内卷"的当下，保持对人文精神的追求难能可贵。

二是教学方式的收获。启发式、提问式的教学方式与"大水漫灌"的授课方式完全不同，"苏格拉底产婆术"式的教学使同学们收获很多，尤其是结合小班研讨，引起同学们的思考与讨论，不断发现问题、解决问题，进行思维碰撞从而产生一些有意思的观点，这也是教学相长的过程，使我意识到或许老师也不能时刻将自己摆在"传道者"的角度，学生同样也会给老师带来新的观点。

三是教学管理的收获。作为助教组长，主要工作在于协助小班老师开展研讨，在教师与学生之间及时传达信息，做好辅助，一学期的工作下来，也总结了一些实务经验，比如：

给学生们准备小班课的时间以一周为宜。大一新生课程普遍较多，提前发布小班课学习任务，他们未必会提前准备，一周的时间刚好合适。

确立小班课讨论作业的截止时间。如下周三有小班讨论课，那么本周日或最迟下周一要收齐各小组的作业（PPT、剧本、发言稿等），以此督促学生完成任务，从实际情况来看，如果缺少此环节，大部分学生会拖在最后时间点完成。

在教师主导的前提下充分发挥学生的主观能动性。比如小班讨论课若为辩论形式，课前应详细介绍辩论规则，以便学生后续能够更好地发挥。

德国哲学家雅斯贝尔斯曾说过："教育的本质意味着：一棵树摇动另一棵树，一朵云推动另一朵云，一个灵魂唤醒另一个灵魂。"教育的价值在于启蒙、在于点燃，在个体社会化的过程当中，回归"人"的本质尤为重要，而人文社科经典导引课程就是帮助学生人文化成。学生有收获，我有"三个一"，学生与我都在不断地进步着。

通识教育之我观

刘甜甜　文学院 2019 级硕士研究生

我在 2020 年 9 月至 2021 年 1 月担任人文社会经典导引课程的小班代班助教一职，独立负责小班研讨，在 2021 年 2 月至 2021 年 6 月担任人文经典导引课程的大班助教兼助教组长一职，负责沟通小班助教与大班老师的沟通等事项，成为老师与各班助教沟通的桥梁。在这一年的助教工作中，除了自身的语言表达能力、沟通协调能力、教学能力等方面得到锻炼和提高之外，也逐步加深了我对通识教育的理解。

一是武大的通识教育目的不仅停留在知识面的增加，更加强调的是知识观念的改变，是为了打破固有成见，拓展思维的边界。进入大学之后，同学们就直接进入了专业领域的学习，一方面这有利于学生们集中注意力于专业领域，更容易有所突破，但是另一方面长期停留于某一专业领域的学习很可能会固化自己的思维，逐渐受到专业学科框架的限制，囿于某一思维方式，难以跳脱框架，获得创新性思考。从这个意义上讲，通识教育提供了一个契机，让学生与老师在课程学习中跳出固有思考模式与框架，学会多元思考问题，从而获得创新性启发和思考。

二是武大的通识教育重构了师生之间的关系。小班教学的模式改变了学生课堂被动听讲的模式，增强了学生的课堂参与感，使学生成为课堂真正的主人，从而提高了学生对课堂内容的关注度和敏锐度，每一次上完课程之后通识中心都会收集学生们的反馈评价，我们也会与学生交流，了解本次课程互动模式的优缺点，针对学生反映的问题进行改进，不断制造学生与老师之间的课堂共识感，让师生在共同的目标下实现教学相长。

希望武大的通识教育可以越办越好！

尾 声

云中谁寄锦书来

　　两大导引的课程设置旨在打破学科壁垒，让来自不同学科的本科生们能接触到专业外的广阔天地，拥有更加多元的思考角度和更全面的知识素养。中西经典远远不止课本上的范例，导引课最大的意义是为学生们提供打开经典的"万能钥匙"，同时也培养学生们独立思考的能力，激发学生们学术研究的热情。经过一个学期的学习，相信同学们都已经掌握了对于经典的学习方法。两大导引的课程仍在继续，请"小狐狸们"的"小朋友们"不要吝啬自己的求知欲，在经典中继续探索属于自己的人生吧。

一封写给孩子们的信

刘宇欣　文学院 2020 级硕士研究生

亲爱的同学们：

你们好！非常高兴能以人文社科经典导引课程助教的身份与你们相识。

最后一次小班讨论课终于还是到来，或许大家已经是为即将结课放假回家而摩拳擦掌，或许又是面对随即而来的重重考试而焦虑不已。但不论心情如何，首先还是恭喜大家完成了课程设置的中国经典和西方经典的学习。每个人对于这门通识课程的学习肯定有完全个性的、自由的理解，但就我个人的上课体验而言，我认为每一次讨论课上涉及的主题其实是从不同的角度切入了一个共通的主旨：如何成"人"。不知道大家有没有属于自己的答案，但是听过大家这么多次的研讨，我觉得有一条是很重要的：学会独立思考。人是一株会思考的芦苇，人的独特性在于思考性，大班教师导读和小班学生研讨结合的课程形式也是为了能让同学们有更多表达自我的机会，而选择想要表达的内容这一过程就是个性思考的过程，在对老师的提问进行深度的探寻时，就是一种人之为人的生命体验。

说到这儿我不由得想起，在《坛经》的讨论课上有一个主题是：搜集几个有关佛家的小故事或笑话并加以展示。有一个同学分享的故事让我至今难忘：

> 怎样才能悟道呢？
> 守初和尚：麻三斤。
> 丹霞禅师：把佛像烧掉取暖。
> 清峰和尚：火神来救火。
> 德山和尚：文殊和普贤是挑粪的。

讲完这些看似令人发笑的回答，这位同学给出了他对这个故事的解读：佛家悟道的唯一途径，在这些看似荒谬的答案里，可以总结为——靠自己。只有自己对现实人生进行切实的体验和感受，才能究极解脱，才在真正意义上获得了自由。作为文学院的一名学生，我也一直在思考，个体生命究竟如何与外界发生关联，在听过这个故事之后突然有了禅宗般顿悟的感觉：现实万种是在个体的观察、体验与沉思中才渐渐地潜进个体生命、丰富个体生命的，现实的一切唯有与个体生命发生联系，在被个体生命沉思与观看后，才不断生成其自身存在的意义，才成就了自身存在的独特价值，最终被融合进人的目光与姿态中，这样的"物我交融，天人合一"，是一场只关乎自己的体验。

而大家关于《庄子》的讨论同样让我印象深刻、收获颇丰。一位同学在分享中提到，在生活中碰壁几乎崩溃之时，他都是翻身卷入书海，看庄子"乘物以游心"，时而散步于濠，时而垂钓于濮，"思之无涯，言之滑稽，心灵无羁绊"，"独与天地精神往来"，悟得"天地一指也，万物一马也"，习得"欲是其所非而非其所是，则莫若以明"："不少人批评庄子，认为他醉生梦死、放浪形骸，是一种自暴自弃、消极避世，我却觉得他只是无觉于外在世界的纷扰，无视于大千世界的诱惑。"这让我重新认识了庄子这位老朋友，在那样一个混乱的社会里，把世情荣辱得失看作身外之物，放弃前程，周游访道，夜坐听风，昼眠听雨，悟得月如何缺，天如何老，何等的浪漫潇洒。庄子思想的提出，为当时的人民设计了另一种自处之道，他正视人们不幸的际遇，又能体味人心不安的感受，他试图创立一个没有任何牵累，可以悠然自处、怡然自适的世界，对于饱经创伤的心灵，尤其能给予莫大的慰藉。

在与大家一起一次又一次地走近中西方经典文化的旅途中，我逐渐觉得优秀传统文化不朽的价值正是在于他们的"知己性"——落魄和失意是人间常态，但是在强烈的苦闷急于找到一个宣泄的窗口时，读到那些传统，那沉重的哀叹仿佛借他人之口倾吐了出来，就像找到了一个真正懂自己的人。我们的先人，也莫不行走在各种各样的苦楚和灾难当中，当苦难来临，那些艺术"所诞生的际遇和关口，便更加真切地来到了我们的感受之中"。个人的生命体验跨越了时空被理解，难以向他人倾诉的情绪以古人之语为载体，终究是得以抒发。我们悲痛或狂喜之时，往往会发现有一部传统经典在等着我们，有那么一两句诗词在见证着我们。它们几乎是我们的渊源、来历和出处，无时无刻不在证明着我们每一个人的存在。

在《国富论》的讨论课上，老师提出过一个思考，时代在发展，科技让人们的生活越来越便利、越来越丰富，但是为什么人们却似乎变得越来越冷漠？我想，这就涉及另一个与如何成"人"同样重要的命题，那就是如何做好"人们"。在个性化时代，个人意识越来越重要，个人生命体验越来越被摆在第一位，每个人都是这个时代极具特色的隔间，但是更值得探索的是，如何保证一个个"我"聚在一起时不会成为苍白冷漠的"我们"。学习传统经典和文学活动不是在个人的幽闭的情绪空间进行追问和探求，其意义在于"击鼓传花"，通过文学的火苗把强大的精神能量传递给另外的人。个人的情绪在千百年来得到了无数人的回应，从多样的形式中窥见了我们相通的情感，对美的追求、对爱的渴望、对英雄的膜拜，战争的伤痛、生命的神秘与苦楚，如此种种构成了我们共有的民族文化基因，无数人以此基础进行新的发声，"传统不在我们的过去，是因为我们的加入，传统才悄悄向前走了一步"。即使未曾亲置历史现场领略动人心弦的震撼，也能在阅读的感悟中体会到从悠悠岁月里寻找灵魂共鸣的快乐，将这种"共情"转化为坚定的、切实的行动，最终抵达属于"我们"全体的迦南之地。

这门课程的初心就是希望能让进入象牙塔里的我们沉下心来，在快节奏的现代生活中慢一点，去体验，去感悟，所以我感谢大家能真心地参与进来，提出自己的想法。也许会有人说你的输出"虽然勇敢，却很幼稚"，但是能够形成自己独立的思考并敢于表达，"虽然幼稚，却很伟大"。希望今后大家能够拥有冷静的热情、温厚的理性，以个人真诚的努力去寻求关于自我、生活和世界的真相，以长韧的追求去争取一种有精神高度的生活，能够通过行动与思考重新建立自我与现实的关联。